bibliocollège

D0993715

Marianne Belanger 24

Fables

La Fontaine

Notes, questionnaires et Dossier Bibliocollège
par **Olivier CHAPUIS**,
certifié de Lettres modernes,
professeur en collège

Crédits photographiques

p. 5 : © ADAGP, Paris 1999, Photo Jean Vigne. **p. 7 :** *Les Loups et les Brebis,* illustration de Gustave Doré, Photo Hachette Livre. **p. 10 :** Photo Hachette Livre. **p. 11 :** © ADAGP, Paris 1999, Photo Jean Vigne. **p. 19 :** Photo Hachette Livre. **p. 25 :** *Le Berger et la Mer,* illustration de Gustave Doré, Photo Hachette Livre. **pp. 32, 40 :** Photo Hachette Livre. **p. 41 :** Photo BnF. **p. 47 :** *La Grenouille qui se veut faire aussi grosse que le Bœuf,* illustration de Gustave Doré, Photo Hachette Livre. **p. 53 :** Photo Hachette Livre. **p. 62 :** *Le combat des Rats et des Belettes,* illustration de Gustave Doré, Photo Hachette Livre. **pp. 67, 68, 78 :** Photo Hachette Livre. **p. 84 :** *La Grenouille et le Rat,* illustration de Gustave Doré, Photo Hachette Livre. **pp. 89, 94 :** Photo Hachette Livre. **p. 102 :** *L'Enfant et le Maître d'école,* illustration de Gustave Doré, Photo Hachette Livre. **pp. 107, 110, 116, 120 :** Photo Hachette Livre. **p. 138 :** Miniature, Musée du Louvre, Photo Hachette Livre. **p. 144 :** Photo Hachette Livre. **pp. 155, 156 :** Collection Jacques Milet, Photo Hachette Livre.

Note de l'éditeur : Les fables sélectionnées ont été rassemblées en six groupements dont les titres sont des créations de l'auteur de cette édition.

Conception graphique
Couverture : *Laurent Carré*
Intérieur : *ELSE*

Mise en page
Insolencre

Illustration des questionnaires
Harvey Stevenson

ISBN : 978-2-01-167832-4

Sommaire

Introduction

La Fontaine a publié ses *Fables choisies et mises en vers* en trois recueils qui ont rencontré un vif succès sous le règne de Louis XIV. Le premier recueil (six livres, 1668) s'inspire largement du fabuliste grec Ésope : les fables y sont des récits brefs, destinés à illustrer une moralité. Le deuxième recueil (cinq livres, 1678-1679) et le troisième recueil (un livre, 1693) marquent un tournant dans l'écriture du fabuliste : le poète réinvente alors le genre de la fable en accordant une place plus importante aux récits et à ses propres confessions.

Comment expliquer que cette entreprise d'un quart de siècle continue de nous intéresser et de nous charmer ? D'abord sans doute par l'infinie variété de ses histoires et de ses personnages. La Fontaine ne définit-il pas lui-même son œuvre comme « *une ample comédie à cent actes divers* » ? Mais parfois aussi, par le plaisir de retrouver, d'une fable à l'autre, un même personnage dans différentes

La Grenouille qui se veut faire aussi grosse que le Bœuf, illustration de Benjamin Rabier.

situations : le Loup, toujours glouton et toujours stupide, sera confronté à une cigogne, des agneaux, des chiens et des bergers… En outre, le monde des fables amuse, car, au fond, il est proche de la farce : tout y est ruses, tromperies, retournements de situation. L'univers, pour La Fontaine, se divise en trompeurs et en trompés. Et, même lorsque l'écrivain aborde des sujets tristes ou des situations angoissantes (de nombreux animaux meurent, se font manger, croquer, dépecer, démembrer, battre), il nous fait sourire. Ces petits récits sont gais et pleins d'humour comme *Le Roman de Renart*, *Les Contes* de Perrault ou les comédies de Molière.

Mais, ce plaisir que nous prenons aux tromperies, aux coups de sabots et de griffes, n'est jamais gratuit. La Fontaine « [se] *sert des animaux pour instruire les hommes* » (*À Monseigneur le Dauphin*). Les comportements ridicules du Rat voyageur, inexpérimenté et naïf, ou de la Grenouille prétentieuse nous apprennent à nous méfier des autres et de nous-mêmes.

Les animaux cependant ne servent pas seulement à peindre nos défauts et nos faiblesses, ils permettent aussi d'attaquer la société du XVIIe siècle. Moines, médecins, professeurs, marchands, paysans, seigneurs, courtisans et le roi lui-même sont critiqués. Abus de pouvoir, mensonges, hypocrisies, injustices, violences sont dénoncés dans un monde qui, souvent, nous rappelle celui où nous vivons.

À sa manière, La Fontaine annonce également des préoccupations qui sont aujourd'hui les nôtres : la protection de l'environnement et l'écologie. Le poète fait, dans ses *Fables*, un triste constat : l'homme vit de la nature et, pourtant, il la détruit. Il se comporte en maître « ingrat » et cruel avec les bêtes. Or, le fabuliste soutient que les animaux ont des sentiments et une certaine forme d'intelligence. Ils ont droit au respect.

Ainsi, les *Fables* de La Fontaine sont bien une œuvre classique et vivante : chaque époque les découvre avec un égal plaisir et s'enrichit de leurs réflexions sur l'écriture et sur le monde.

Le Loup glouton

Le Loup et l'Agneau

La raison du plus fort est toujours la meilleure[1] :
   Nous l'allons montrer tout à l'heure[2].

   Un Agneau se désaltérait
   Dans le courant d'une onde[3] pure.
5   Un Loup survient à jeun, qui cherchait aventure[4],
   Et que la faim en ces lieux attirait.
   « Qui te rend si hardi de[5] troubler mon breuvage ?
   Dit cet animal plein de rage :
   Tu seras châtié de ta témérité.
10   — Sire, répond l'Agneau, que Votre Majesté
   Ne se mette pas en colère ;

notes

1. la meilleure : celle qui triomphe.

2. tout à l'heure : immédiatement.

3. onde : eau.

4. aventure : bonne occasion.

5. si hardi de : assez intrépide pour.

Mais plutôt qu'elle considère
Que je me vas désaltérant[1]
Dans le courant,
15   Plus de vingt pas au-dessous d'Elle ;
Et que par conséquent, en aucune façon,
Je ne puis troubler sa boisson.
— Tu la troubles, reprit cette bête cruelle ;
Et je sais que de moi tu médis l'an passé.
20 — Comment l'aurais-je fait si je n'étais pas né ?
Reprit l'Agneau ; je tète encor ma mère.
     — Si ce n'est toi, c'est donc ton frère.
     — Je n'en ai point. — C'est donc quelqu'un des tiens ;
Car vous ne m'épargnez guère,
25   Vous, vos Bergers, et vos Chiens.
On me l'a dit : il faut que je me venge. »
Là-dessus, au fond des forêts
Le Loup l'emporte, et puis le mange,
Sans autre forme de procès.

I, 10.

notes

1. je me vas désaltérant :
je me désaltère.

Au fil du texte

AVEZ-VOUS BIEN LU ?

1. Qui sont les deux personnages principaux ?

2. La fable se déroule :
- ☐ dans une forêt.
- ☐ au bord d'une rivière.
- ☐ dans un pré.

3. Comment la rencontre des deux personnages principaux se termine-t-elle ?

ÉTUDIER LE VOCABULAIRE ET LA GRAMMAIRE

4. Donnez un synonyme du mot « *hardi* » (vers 7) et du mot « *témérité* » (vers 9).

5. Quel niveau de langue* l'Agneau utilise-t-il ?

6. Quel pronom personnel l'Agneau utilise-t-il pour s'adresser au Loup ? Qu'en déduisez-vous sur sa position par rapport au Loup ?

7. Quel pronom personnel le Loup utilise-t-il pour s'adresser à l'Agneau ? Qu'en déduisez-vous sur sa position par rapport à l'Agneau ?

ÉTUDIER LE DIALOGUE ET L'ARGUMENTATION

8. À quels vers commence et se termine le dialogue entre les deux personnages ? Justifiez votre réponse en relevant les marques caractéristiques du dialogue.

9. Relevez les accusations du Loup contre l'Agneau. Vous paraissent-elles justes ?

niveau de langue : manière de s'exprimer en fonction du destinataire et des circonstances. Il existe trois niveaux de langue : familier, courant et soutenu.

Le Loup et l'Agneau, gravure de Gustave Doré.

LE LOUP ET L'AGNEAU

La raison du plus fort est toujours la meilleure ;
    Nous l'allons montrer tout à l'heure.
    Un agneau se désaltérait
    Dans le courant d'une onde pure.
Un loup survient à jeun, qui cherchait aventure,
    Et que la faim en ces lieux attirait.
— Qui te rend si hardi de troubler mon breuvage ?
    Dit cet animal plein de rage :
Tu seras châtié de ta témérité :
    — Sire, répond l'agneau, que votre majesté
    Ne se mette pas en colère ;
    Mais plutôt qu'elle considère
    Que je me vas désaltérant
        Dans le courant,
    Plus de vingt pas au-dessous d'elle ;
Et que, par conséquent, en aucune façon,
    Je ne puis troubler sa boisson.
— Tu la troubles ! reprit cette bête cruelle ;
Et je sais que de moi tu médis l'an passé.
— Comment l'aurai-je fait si je n'étais pas né ?
    Reprit l'agneau ; je tette encor ma mère.
    — Si ce n'est toi, c'est donc ton frère.
— Je n'en ai point. — C'est donc quelqu'un des tiens ;
    Car vous ne m'épargnez guère,
    Vous, vos bergers et vos chiens.
On me l'a dit : il faut que je me venge.
    Là-dessus, au fond des forêts
    Le loup l'emporte, et puis le mange,
    Sans autre forme de procès.

Le Loup et l'Agneau, **gravure de Benjamin Rabier.**

10. Quels sont les arguments (raisons) donnés par l'Agneau pour éviter d'être mangé par le Loup ?

11. Quel personnage termine le dialogue ? Pourquoi ?

élément
perturbateur :
action ou
événement qui
marque une
rupture et qui
permet de faire
démarrer le
récit.

ÉTUDIER LE GENRE DE LA FABLE

12. Quel est l'élément perturbateur★ du récit ?
À quelles marques le reconnaissez-vous (temps, verbe) ?

13. Comment appelle-t-on le temps employé par le narrateur au vers 28 ?

14. Où se trouve la moralité ? À quelles caractéristiques reconnaissez-vous cette moralité (temps, pronom, sens) ?

15. Qui est désigné par le pronom « *nous* » au vers 2 ?

16. Expliquez en quoi l'histoire du Loup et de l'Agneau illustre la moralité.

ÉTUDIER L'ÉCRITURE

17. Avec quel mot rime le pronom « *Elle* » (vers 15) ? Pourquoi La Fontaine fait-il rimer ces deux mots ?

18. Comment appelle-t-on les vers utilisés par La Fontaine (vers 3, 4 et 5) ? Pourquoi ces vers sont-ils disposés du plus court au plus long ?

ÉTUDIER UN THÈME : LA JUSTICE ET « LA RAISON DU PLUS FORT »

19. Relevez les caractéristiques des deux personnages principaux (caractères, sentiments, tons de parole...). En quoi ces deux personnages sont-ils opposés ?

20. Quel est le « crime » reproché à l'Agneau par le Loup ? Relevez les expressions montrant que le Loup exagère sa gravité.

21. Quelle expression au vers 21 montre la faiblesse et l'innocence de l'Agneau ? Justifiez votre réponse.

22. Quel motif pousse le Loup à agir ?

23. La moralité de cette fable vous paraît-elle toujours actuelle ?

À VOS PLUMES !

24. Imaginez un court dialogue dans lequel l'Agneau trouve une ruse pour échapper au Loup.

LIRE L'IMAGE

Voir documents, pp. 10 et 11.

25. Par quels moyens (contraste du noir et du blanc, positions, etc.) Doré oppose-t-il les deux personnages ? L'un paraît-il supérieur à l'autre ?

26. Rabier n'a-t-il illustré que les actions qui se déroulent dans la fable ?

Le Loup devenu Berger

Un Loup, qui commençait d'avoir petite part[1]
    Aux Brebis de son voisinage,
Crut qu'il fallait s'aider de la peau du Renard[2],
    Et faire un nouveau personnage.
5 Il s'habille en Berger, endosse un hoqueton[3],
    Fait sa houlette[4] d'un bâton,
    Sans oublier la cornemuse.
    Pour pousser jusqu'au bout la ruse,
Il aurait volontiers écrit sur son chapeau :
10 « C'est moi qui suis Guillot, Berger de ce troupeau. »
    Sa personne étant ainsi faite,
Et ses pieds de devant posés sur sa houlette,
Guillot le sycophante[5] approche doucement.
Guillot, le vrai Guillot, étendu sur l'herbette,
15   Dormait alors profondément ;
Son Chien dormait aussi, comme aussi sa musette[6] :
La plupart des Brebis dormaient pareillement.
    L'Hypocrite les laissa faire ;
Et pour pouvoir mener vers son fort[7] les Brebis,
20 Il voulut ajouter la parole aux habits,
    Chose qu'il croyait nécessaire.
    Mais cela gâta son affaire :

notes

1. d'avoir petite part : signifie que le Loup considère qu'il n'a droit qu'à une faible portion du troupeau pour se nourrir.

2. s'aider de la peau du Renard : recourir à la ruse.

3. hoqueton : habit court et sans manches que portaient les paysans.

4. houlette : bâton du berger.

5. sycophante : nom donné dans la Grèce antique à ceux qui dénonçaient les voleurs de figues. Comprendre ici trompeur ou hypocrite.

6. musette : autre nom de la cornemuse.

7. fort : endroit du bois le plus sombre où se retirent les bêtes fauves.

Il ne put du Pasteur[1] contrefaire la voix.
Le ton dont il parla fit retentir les bois,
25   Et découvrit[2] tout le mystère.
    Chacun se réveille à ce son,
    Les Brebis, le Chien, le Garçon.
    Le pauvre Loup, dans cet esclandre[3],
    Empêché[4] par son hoqueton,
30   Ne put ni fuir ni se défendre.

Toujours par quelque endroit[5] fourbes se laissent prendre.
    Quiconque est Loup agisse[6] en Loup :
    C'est le plus certain de beaucoup.

III, 3.

notes

1. Pasteur : berger.
2. découvrit : dévoila.

3. esclandre : accident qui provoque un scandale.
4. Empêché : gêné.

5. par quelque endroit : en quelque manière.
6. agisse : doit agir.

Les Loups et les Brebis

Après mille ans et plus de guerre déclarée,
Les Loups firent la paix avecque[1] les Brebis.
C'était apparemment[2] le bien des deux partis ;
Car si les Loups mangeaient mainte[3] bête égarée,
5 Les Bergers de leur peau[4] se faisaient maints habits.
Jamais de liberté, ni pour les pâturages,
        Ni d'autre part pour les carnages[5] :
Ils ne pouvaient jouir qu'en tremblant de leurs biens.
La paix se conclut donc : on donne des otages ;
10 Les Loups, leurs Louveteaux ; et les Brebis, leurs Chiens.
L'échange en étant fait aux formes ordinaires
        Et réglé par des Commissaires[6],
Au bout de quelque temps que Messieurs les Louvats[7]
Se virent Loups parfaits et friands de tuerie,
15 Ils vous prennent le temps que[8] dans la bergerie
        Messieurs les Bergers n'étaient pas,
Étranglent la moitié des Agneaux les plus gras,
Les emportent aux dents[9], dans les bois se retirent.
Ils avaient averti leurs gens[10] secrètement.
20 Les Chiens, qui, sur leur foi[11], reposaient sûrement,

notes

1. avecque : avec.

2. apparemment : de toute évidence.

3. mainte : beaucoup de.

4. leur peau : la peau des brebis.

5. carnages : ce terme signifie « massacre, tuerie ». Il désigne également la façon de se nourrir des bêtes féroces, ici les Loups. Par opposition, le terme « *pâturage* » (vers 6) désigne le lieu où l'on fait paître les brebis.

6. Commissaires : représentants nommés par le roi. Ils établissent les traités de paix et veillent à ce qu'ils soient respectés.

7. Louvats : louveteaux.

8. prennent le temps que : profitent du moment où.

9. aux dents : entre leurs dents.

10. leurs gens : leur famille, leurs domestiques.

11. sur leur foi : confiants dans la parole des Loups.

Furent étranglés en dormant :
Cela fut sitôt[1] fait qu'à peine ils le sentirent.
Tout fut mis en morceaux ; un seul[2] n'en échappa.

Nous pouvons conclure de là
25 Qu'il faut faire aux méchants guerre continuelle.
La paix est fort bonne de soi ;
J'en conviens ; mais de quoi sert-elle
Avec des ennemis sans foi ?

III, 13.

notes

1. *sitôt :* si vite.
2. *un seul :* pas un seul.

Le Loup, la Chèvre et le Chevreau

La Bique allant remplir sa traînante mamelle,
    Et paître l'herbe nouvelle,
    Ferma sa porte au loquet,
    Non sans dire à son Biquet :
5   « Gardez-vous, sur votre vie,
    D'ouvrir que l'on ne vous die[1],
    Pour enseigne[2] et mot du guet[3] :
    Foin du Loup[4] et de sa race ! »
    Comme elle disait ces mots,
10   Le Loup de fortune[5] passe ;
    Il les recueille à propos,
    Et les garde en sa mémoire.
    La Bique, comme on peut croire,
    N'avait pas vu le Glouton.
15 Dès qu'il la voit partie, il contrefait son ton
    Et d'une voix papelarde[6]
Il demande qu'on ouvre, en disant : « Foin du Loup ! »
    Et croyant entrer tout d'un coup.
Le Biquet soupçonneux par la fente regarde :
20 « Montrez-moi patte blanche, ou je n'ouvrirai point »,
S'écria-t-il d'abord. Patte blanche est un point
Chez les Loups, comme on sait, rarement en usage.
Celui-ci, fort surpris d'entendre ce langage,
Comme il était venu s'en retourna chez soi.
25 Où serait le Biquet s'il eût ajouté foi[7]

notes

1. **que l'on ne vous die :** si l'on ne vous dit pas.

2. **enseigne :** marque de reconnaissance.

3. **mot du guet :** mot de passe.

4. **Foin du Loup :** maudit soit le Loup.

5. **de fortune :** par hasard.

6. **papelarde :** hypocrite.

7. **s'il eût ajouté foi :** s'il eût fait confiance.

Au mot du guet que de fortune
Notre Loup avait entendu ?

Deux sûretés valent mieux qu'une,
Et le trop en cela ne fut jamais perdu.

IV, 15.

Le Loup, la Chèvre et le Chevreau,
gravure de Gustave Doré.

Au fil du texte

Avez-vous bien lu ?

1. Qui sont les deux personnages principaux ?

2. Où se déroule l'action ?

3. Quel est le projet du Loup ?

4. Le projet du Loup réussit-il ou échoue-t-il ?

famille de mots : ensemble des mots qui sont formés sur le même radical.

élément perturbateur : action ou événement qui marque une rupture et qui permet de faire démarrer le récit.

Étudier le vocabulaire

5. Donnez deux mots qui appartiennent à la famille* du mot « *guet* » (vers 7).

6. Donnez trois sens du mot « *fortune* ». Quel est le sens utilisé par La Fontaine aux vers 10 et 26 ?

7. Que signifie le vers « *Et le trop en cela ne fut jamais perdu* » (vers 29) ?

Étudier le dialogue

8. Sur quel ton le Loup s'adresse-t-il au Chevreau ?

9. Sur quel ton le Chevreau répond-il au Loup ?

10. Quels éléments du dialogue montrent la supériorité du Chevreau sur le Loup ?

Étudier le genre de la fable

11. En quoi les personnages sont-ils bien des personnages de fable ?

12. Quel est l'élément perturbateur* du récit ?

13. Quelles sont les trois grandes étapes du récit ?

14. Quels sont les temps grammaticaux utilisés par La Fontaine pour raconter son histoire ?

15. À quoi repère-t-on la présence du fabuliste aux vers 21 et 22, puis des vers 25 à 29 ?

16. À quelles marques (typographie*, temps, sens...) reconnaissez-vous la moralité ?

typographie : choix des caractères et manière dont le poème est mis en page.

17. Quelles sont les « *Deux sûretés* » (vers 28) utilisées par le Chevreau ?

Étudier l'écriture

18. Relevez tous les alexandrins (voir définition p. 136).

19. Repérez une rime plate et une rime croisée (voir définitions p. 137).

Étudier un thème : la bêtise du Loup

20. Le Loup découvre le mot de passe grâce :
☐ à sa ruse. ☐ à son intelligence. ☐ au hasard.

21. Quels sont les termes insistant sur la naïveté ou la bêtise du Loup ?

22. Le Loup est-il capable de répondre au Chevreau ? Citez deux vers pour répondre à cette question.

23. Comparez cette fable à la fable *Le Loup et l'Agneau* (p. 7). En quoi la situation est-elle inversée ?

Lire l'image

Voir document, p. 19.

24. Montrez que le Chevreau a des caractéristiques humaines dans la gravure de Doré.

25. Comment le graveur a-t-il représenté le Loup ? Pourquoi ?

Le Loup et la Cigogne

Les Loups mangent gloutonnement.
Un Loup donc étant de frairie[1]
Se pressa, dit-on, tellement
Qu'il en pensa perdre la vie :
5 Un os lui demeura bien avant au gosier[2].
De[3] bonheur pour ce Loup, qui ne pouvait crier,
    Près de là passe une Cigogne.
    Il lui fait signe ; elle accourt.
Voilà l'Opératrice[4] aussitôt en besogne.
10 Elle retira l'os ; puis, pour un si bon tour,
    Elle demanda son salaire.
    « Votre salaire ? dit le Loup :
    Vous riez, ma bonne commère !
    Quoi ? ce n'est pas encor beaucoup
15 D'avoir de mon gosier retiré votre cou ?
    Allez, vous êtes une ingrate :
    Ne tombez jamais sous ma patte. »

III, 9.

---

notes

1. frairie : banquet.

2. bien avant au gosier : bien enfoncé dans le gosier.

3. De : par.

4. Opératrice : médecin qui opère.

Le Loup et les Bergers

Un Loup rempli d'humanité
(S'il en est de tels dans le monde)
Fit un jour sur sa cruauté,
Quoiqu'il ne l'exerçât que par nécessité,
     Une réflexion profonde.
« Je suis haï, dit-il ; et de qui ? de chacun[1].
Le Loup est l'ennemi commun[2] :
Chiens, chasseurs, villageois, s'assemblent pour sa perte ;
Jupiter[3] est là-haut étourdi de leurs cris :
C'est par là[4] que de loups l'Angleterre est déserte,
     On y mit notre tête à prix.
     Il n'est hobereau[5] qui ne fasse
     Contre nous tels bans[6] publier ;
     Il n'est marmot osant crier
Que du Loup aussitôt sa mère ne menace.
     Le tout[7] pour un Âne rogneux[8],
Pour un Mouton pourri[9], pour quelque Chien hargneux,
     Dont j'aurai passé mon envie[10].
Et bien ! ne mangeons plus de chose ayant eu vie :
Paissons l'herbe, broutons, mourons de faim plutôt.
     Est-ce une chose si cruelle ?
Vaut-il mieux s'attirer la haine universelle ? »

5, 10, 15, 20

notes

1. de chacun : de tout le monde.

2. ennemi commun : ennemi de tous.

3. Jupiter : roi des dieux dans la mythologie latine.

4. C'est par là : c'est pour cette raison.

5. hobereau : terme méprisant pour désigner les petits nobles de campagne.

6. bans : déclaration publique qui souvent ordonne le bannissement ou l'exclusion de quelqu'un.

7. Le tout : tout cela,

toute cette haine.

8. rogneux : atteint de la maladie de la rogne.

9. pourri : atteint du pourri, maladie des moutons.

10. Dont j'aurai passé mon envie : dont j'aurai satisfait mon envie.

Disant ces mots, il vit des Bergers, pour leur rôt[1],
    Mangeants un agneau cuit en broche.
25   « Oh ! oh ! dit-il, je me reproche
Le sang de cette gent[2] : voilà ses Gardiens
    S'en repaissants[3] eux et leurs Chiens ;
    Et moi, Loup, j'en ferai scrupule[4] ?
Non, par tous les Dieux ! non ; je serais ridicule :
30   Thibaut l'Agnelet passera[5],
    Sans qu'à la broche je le mette ;
Et non seulement lui, mais la mère qu'il tette,
    Et le père qui l'engendra. »

Ce Loup avait raison. Est-il dit[6] qu'on nous voie
35   Faire festin de toute proie,
Manger les animaux ; et nous les réduirons
Aux mets[7] de l'âge d'or[8] autant que nous pourrons ?
    Ils n'auront ni croc[9] ni marmite ?
    Bergers, bergers ! le Loup n'a tort
40   Que quand il n'est pas le plus fort :
    Voulez-vous qu'il vive en ermite[10] ?

X, 5.

---

notes

1. rôt : repas.

2. gent : race, espèce.

3. S'en repaissants :
mangeant des agneaux.

4. j'en ferai scrupule :
je me le reprocherai.

5. passera : y passera.

6. Est-il dit : sera-t-il dit.

7. mets : aliments.

8. âge d'or : époque
mythique où l'homme vivait
en harmonie avec la nature.

9. croc : crochet de
boucherie.

10. qu'il vive en ermite : ici,
signifie « qu'il vive sans
manger de viande ».

Le voyage et ses périls

Le Berger et la Mer

Du rapport[1] d'un troupeau, dont il vivait sans soins[2],
Se contenta longtemps un voisin d'Amphitrite[3] :
    Si sa fortune était petite,
    Elle était sûre tout au moins.
5 À la fin, les trésors déchargés sur la plage
Le tentèrent si bien qu'il vendit son troupeau,
Trafiqua de l'argent, le mit entier sur l'eau[4].
    Cet argent périt par naufrage.
Son Maître fut réduit à garder les Brebis,
10 Non plus Berger en chef comme il était jadis,
Quand ses propres Moutons paissaient sur le rivage :

Celui qui s'était vu Coridon ou Tircis[1]
    Fut Pierrot, et rien davantage.
Au bout de quelque temps il fit quelques profits,
15   Racheta des bêtes à laine ;
Et comme un jour les vents, retenant leur haleine,
Laissaient paisiblement aborder les vaisseaux :
« Vous voulez de l'argent, ô Mesdames les Eaux,
Dit-il ; adressez-vous, je vous prie, à quelque autre :
20   Ma foi ! vous n'aurez pas le nôtre. »

Ceci n'est pas un conte à plaisir inventé.
    Je me sers de la vérité
    Pour montrer, par expérience,
    Qu'un sou, quand il est assuré,
25   Vaut mieux que cinq en espérance ;
Qu'il se faut contenter de sa condition[2] ;
Qu'aux conseils de la Mer et de l'Ambition
    Nous devons fermer les oreilles.
Pour un qui s'en louera, dix mille s'en plaindront.
30   La Mer promet monts et merveilles :
Fiez-vous-y ; les vents et les voleurs viendront.

IV, 2.

notes

1. **Coridon ou Tircis :** noms de bergers nobles que l'on trouve dans la poésie antique et qui s'opposent à Pierrot (vers 13), nom de paysan pauvre.

2. **condition :** situation sociale.

Le Cochet, le Chat et le Souriceau

Un Souriceau[1] tout jeune, et qui n'avait rien vu,
    Fut presque pris au dépourvu.
Voici comme il conta l'aventure à sa Mère :
« J'avais franchi les monts qui bornent cet État
5   Et trottais comme un jeune Rat
    Qui cherche à se donner carrière[2],
Lorsque deux animaux m'ont arrêté les yeux[3] :
    L'un doux, bénin[4] et gracieux,
Et l'autre turbulent et plein d'inquiétude[5] ;
10   Il a la voix perçante et rude,
    Sur la tête un morceau de chair,
Une sorte de bras dont[6] il s'élève en l'air
    Comme pour prendre sa volée[7],
    La queue en panache[8] étalée. »
15 Or c'était un Cochet[9] dont notre Souriceau
    Fit à sa Mère le tableau,
Comme d'un animal venu de l'Amérique.
« Il se battait, dit-il, les flancs avec ses bras,
    Faisant tel bruit et tel fracas,
20 Que moi, qui, grâce aux Dieux, de courage me pique[10],

notes

1. Souriceau : jeune souris.

2. se donner carrière : se lancer dans la vie, découvrir le monde.

3. m'ont arrêté les yeux : ont arrêté mon regard, ont attiré mon attention.

4. bénin : qui n'est pas alarmant.

5. inquiétude : agitation.

6. dont : avec lequel.

7. prendre sa volée : s'envoler.

8. La queue en panache : les plumes de la queue forment une sorte de bouquet.

9. Cochet : petit coq.

10. de courage me pique : me vante d'être courageux.

En ai pris la fuite de peur,
Le maudissant de très bon cœur[1].
Sans lui j'aurais fait connaissance
Avec cet Animal qui m'a semblé si doux :
25   Il est velouté[2] comme nous,
Marqueté[3], longue queue, une humble contenance[4],
Un modeste regard, et pourtant l'œil luisant.
        Je le crois fort sympathisant
Avec Messieurs les Rats ; car il a des oreilles
30   En figure[5] aux nôtres pareilles.
Je l'allais aborder, quand d'un son plein d'éclat
        L'autre m'a fait prendre la fuite.
— Mon fils, dit la Souris, ce doucet[6] est un Chat,
        Qui, sous son minois hypocrite,
35   Contre toute ta parenté
        D'un malin vouloir est porté[7].
        L'autre animal, tout au contraire,
        Bien éloigné de nous mal faire,
Servira quelque jour peut-être à nos repas.
40 Quant au Chat, c'est sur nous qu'il fonde sa cuisine.
        Garde-toi, tant que tu vivras,
        De juger des gens sur la mine. »

VI, 5.

---

notes

1. de très bon cœur : très volontiers, sincèrement.

2. velouté : doux au toucher comme du velours.

3. Marqueté : tacheté.

4. humble contenance : apparence modeste.

5. En figure : en forme.

6. doucet : hypocrite.

7. D'un malin vouloir est porté : est poussé par la volonté de nuire.

Le Rat et l'Huître

Un Rat, hôte[1] d'un champ, Rat de peu de cervelle[2],
Des Lares[3] paternels un jour se trouva soûl[4].
Il laisse là le champ, le grain et la javelle[5],
Va courir le pays, abandonne son trou.
5   Sitôt qu'il fut hors de la case :
« Que le monde, dit-il, est grand et spacieux !
Voilà les Apennins, et voici le Caucase[6]. »
La moindre taupinée[7] était mont à ses yeux.
Au bout de quelques jours, le Voyageur arrive
10   En un certain canton[8] où Téthys[9] sur la rive
Avait laissé mainte[10] Huître : et notre Rat d'abord
Crut voir, en les voyant, des vaisseaux de haut bord.
« Certes, dit-il, mon père était un pauvre sire.
Il n'osait voyager, craintif au dernier point.
15   Pour moi[11], j'ai déjà vu le maritime empire ;
J'ai passé les déserts, mais nous n'y bûmes point. »
D'un certain magister[12] le Rat tenait ces choses,
      Et les disait à travers champs,
N'étant pas de ces Rats qui, les livres rongeants,
20   Se font savants jusques aux dents.
      Parmi tant d'Huîtres toutes closes,

notes

1. hôte : habitant.

2. de peu de cervelle : qui a peu de cervelle, peu d'intelligence et de jugement.

3. Lares : divinités romaines protectrices du foyer. Les Lares paternels désignent la maison du rat.

4. se trouva soûl : en eut assez.

5. javelle : poignée d'épis que le moissonneur coupe. La javelle désigne ici le travail des champs.

6. Appennins et **Caucase :** noms de très hautes chaînes de montagnes.

7. taupinée : petit tas de terre que les taupes rejettent en creusant leurs galeries.

8. canton : petite localité.

9. Téthys : dans la mythologie grecque, déesse de la mer.

10. mainte : beaucoup de.

11. Pour moi : en ce qui me concerne.

12. magister : maître d'école.

Une s'était ouverte, et, bâillant au soleil,
    Par un doux zéphyr[1] réjouie,
Humait l'air, respirait, était épanouie,
25 Blanche, grasse, et d'un goût, à la voir, nompareil[2].
D'aussi loin que le Rat voit cette Huître qui bâille :
« Qu'aperçois-je ? dit-il, c'est quelque victuaille[3] ;
Et, si je ne me trompe à la couleur du mets[4],
Je dois faire aujourd'hui bonne chère, ou jamais. »
30 Là-dessus, maître Rat, plein de belle espérance,
Approche de l'écaille, allonge un peu le cou,
Se sent pris comme aux lacs[5], car l'Huître tout d'un coup
Se referme : et voilà ce que fait l'ignorance.

Cette fable contient plus d'un enseignement :
35   Nous y voyons premièrement
Que ceux qui n'ont du monde aucune expérience
Sont, aux moindres objets, frappés d'étonnement.
    Et puis nous y pouvons apprendre
    Que tel est pris qui croyait prendre.

VIII, 9.

notes

1. **zéphyr :** dans l'antiquité, nom d'un vent léger.

2. **nompareil :** exceptionnel.

3. **victuaille :** nourriture.

4. **mets :** aliment.

5. **lacs :** pièges.

Le Torrent et la Rivière

Avec grand bruit et grand fracas
Un Torrent tombait des montagnes :
Tout fuyait devant lui ; l'horreur suivait ses pas ;
Il faisait trembler les campagnes.
5   Nul voyageur n'osait passer
Une barrière si puissante :
Un seul[1] vit des voleurs ; et, se sentant presser[2],
Il mit entre eux et lui cette onde[3] menaçante.
Ce n'était que menace et bruit sans profondeur[4] :
10   Notre homme enfin n'eut que la peur[5].
Ce succès lui donnant courage,
Et les mêmes voleurs le poursuivant toujours.
Il rencontra sur son passage
Une Rivière dont le cours,
15 Image d'un sommeil doux, paisible et tranquille,
Lui fit croire d'abord ce trajet fort facile :
Point de bords escarpés[6], un sable pur et net.
Il entre ; et son cheval le met
À couvert[7] des voleurs, mais non de l'onde noire :
20   Tous deux au Styx[8] allèrent boire ;
Tous deux, à nager malheureux,

notes

1. Un seul : un seul homme, parce qu'il avait vu des voleurs.

2. presser : suivre de près.

3. onde : eau.

4. sans profondeur : cette expression caractérise le torrent peu profond, et non le bruit occasionné par le torrent.

5. n'eut que la peur : eut plus de peur que de mal. En fait, il ne lui est rien arrivé en franchissant le torrent.

6. escarpés : raides, abrupts.

7. À couvert : à l'abri.

8. Styx : dans la mythologie grecque, fleuve qui entoure les enfers.

Allèrent traverser, au séjour ténébreux,
    Bien d'autres fleuves que les nôtres.

    Les gens sans bruit sont dangereux :
25   Il n'en est pas ainsi des autres.

VIII, 23.

Le Torrent et la Rivière,
gravure de François Chauveau.

Au fil du texte

AVEZ-VOUS BIEN LU ?

1. Qui sont les personnages principaux ?

2. Quels obstacles le voyageur rencontre-t-il ?

3. Le récit se termine par :
☐ la fuite du voyageur dans un autre pays.
☐ le meurtre du voyageur par ses poursuivants.
☐ la noyade du voyageur.

4. Résumez l'action en une phrase.

ÉTUDIER LE VOCABULAIRE ET LA GRAMMAIRE

5. Que signifie l'expression « *Image d'un sommeil doux* » (vers 15) ?

6. Que désigne le « *séjour ténébreux* » (vers 22) ?

7. Relevez le champ lexical* du danger et de la peur (vers 1 à 8).

8. Relevez trois épithètes qui permettent de décrire la force du Torrent aux vers 1, 6 et 8.

champ lexical : **ensemble de mots renvoyant à une même idée, une même notion, un même thème.**

ÉTUDIER LA DESCRIPTION

9. Quel est le temps grammatical utilisé par La Fontaine pour décrire le Torrent (vers 1 à 6) ?

10. À quels vers commence et se termine la description de la Rivière ?

11. Relevez les termes (noms, verbes, adjectifs) qui permettent d'opposer le Torrent et la Rivière.

12. Le Torrent et la Rivière sont décrits du point de vue :

☐ du voyageur.   ☐ des voleurs.   ☐ du fabuliste.

ÉTUDIER LE GENRE DE LA FABLE

13. Quel est d'habitude le rôle du titre d'une fable ?

14. Peut-on considérer le Torrent et la Rivière comme des personnages ? Justifiez votre réponse.

15. Quelles sont les deux étapes du récit (voir exemple pp. 134-135) ? En quoi sont-elles opposées ?

16. Qui est désigné par le pronom « *les nôtres* » (vers 23) ?

17. Par quel terme (vers 16) le fabuliste montre-t-il la naïveté du voyageur ?

ÉTUDIER L'ÉCRITURE

alliteration : répétition d'une même consonne à l'intérieur du même vers ou de la même phrase.

18. Relevez l'allitération⋆ en « *r* » dans les quatre premiers vers de la fable. Pourquoi La Fontaine utilise-t-il ce procédé ?

19. Pourquoi La Fontaine utilise-t-il des vers de longueur différente dans les trois premiers vers ?

20. Quelles sont les images utilisées par La Fontaine pour désigner la mort ?

ÉTUDIER UN THÈME : LES DANGERS DU VOYAGE

21. Quels dangers rencontre le voyageur ?

22. La mort du voyageur est causée par :
☐ des voleurs.　　　☐ un torrent.
☐ une rivière.　　　☐ sa propre imprudence.

23. La moralité vous indique-t-elle un autre thème possible ?

À VOS PLUMES !

24. Imaginez un voyage au cours duquel vous serez confronté à trois dangers successifs.

25. Décrivez un objet ou un être en apparence inoffensif qui, en fait, se révélera très dangereux.

LIRE L'IMAGE
Voir document, p. 32.

26. Montrez que Chauveau a représenté les trois dangers qui menacent le voyageur.

27. Quelle étape de la fable de La Fontaine Chauveau a-t-il choisi d'illustrer ?

28. Dans la gravure de Chauveau, à quoi voit-on que le voyageur va trouver la mort ?

La Tortue et les deux Canards

Une Tortue était, à la tête légère,
Qui, lasse de son trou, voulut voir le pays.
Volontiers[1] on fait cas[2] d'une terre étrangère ;
Volontiers gens boiteux haïssent le logis.
5   Deux Canards, à qui la Commère
       Communiqua ce beau dessein[3],
Lui dirent qu'ils avaient de quoi la satisfaire.
       « Voyez-vous ce large chemin ?
Nous vous voiturerons, par l'air, en Amérique :
10   Vous verrez mainte[4] république,
Maint royaume, maint peuple ; et vous profiterez
Des différentes mœurs que vous remarquerez.
Ulysse[5] en fit autant. » On ne s'attendait guère
       De[6] voir Ulysse en cette affaire.
15 La Tortue écouta la proposition.
Marché fait, les Oiseaux forgent une machine
       Pour transporter la pèlerine[7].
Dans la gueule, en travers, on lui passe un bâton.
« Serrez bien, dirent-ils, gardez[8] de lâcher prise. »
20 Puis chaque Canard prend ce bâton par un bout.
La Tortue enlevée, on s'étonne partout
       De voir aller en cette guise[9]
       L'animal lent et sa maison,

Justement au milieu de l'un et l'autre Oison[1].
25 « Miracle ! criait-on : venez voir dans les nues[2]
     Passer la Reine des Tortues.
— La Reine ! vraiment oui : je la suis en effet,
Ne vous en moquez point. » Elle eût beaucoup mieux fait
De passer son chemin sans dire aucune chose ;
30 Car, lâchant le bâton en desserrant les dents,
Elle tombe, elle crève aux pieds des regardants[3].
Son indiscrétion[4] de sa perte fut cause.

Imprudence[5], babil[6], et sotte vanité,
    Et vaine curiosité,
35   Ont ensemble étroit parentage[7].
    Ce sont enfants tous d'un lignage[8].

X, 2.

notes

1. *Oison :* petite oie. Ici, oison désigne les canards.

2. *les nues :* le haut des airs.

3. *regardants :* ceux qui regardent.

4. *indiscrétion :* manque de jugement.

5. *Imprudence :* manque de sagesse.

6. *babil :* bavardage.

7. *parentage :* parenté.

8. *enfants tous d'un lignage :* tous enfants d'une même race.

Au fil du texte

Questions sur _La Tortue et les deux Canards_

AVEZ-VOUS BIEN LU ?

1. Qui sont les trois personnages principaux ?

2. Quel est le projet de la Tortue ?

3. Le récit se termine par :
☐ l'arrivée de la Tortue en Amérique.
☐ le retour de la Tortue dans son pays.
☐ la chute et la mort de la Tortue.

ÉTUDIER LE VOCABULAIRE ET LA GRAMMAIRE

4. Quel est le sens des termes « _vanité_ » (vers 33) et « _vaine_ » (vers 34).

5. Relevez un terme familier et un terme soutenu qui désignent la mort de la Tortue.

6. Proposez une autre formulation pour l'expression « _Une Tortue était_ » (vers 1).

7. Quel est le temps employé par les deux Canards (vers 9 à 12) ? Pourquoi ?

8. Quel type de phrase permet d'exprimer l'étonnement des gens au passage de la Tortue ?

ÉTUDIER LE RÉCIT

9. Quels sont les deux temps caractéristiques du récit (voir définition p. 147) utilisés par La Fontaine ?

10. L'élément perturbateur* du récit est :
☐ le désir de la Tortue de voir du pays.
☐ la proposition des deux Canards.
☐ le « *Marché fait* » entre la Tortue et les Canards.

11. Quel est l'événement entraînant la mort de la Tortue à la fin du récit ?

ÉTUDIER LE GENRE DE LA FABLE : LES INTERVENTIONS DU FABULISTE

12. Trouvez deux passages qui expriment une moralité.

13. À qui renvoient les pronoms « *on* » (vers 13, 18 et 21) ?

14. À quels indices (mode, jugement...) reconnaît-on que le fabuliste donne son opinion (vers 28 et 29) ?

15. Quel est le temps grammatical des quatre derniers vers ? Quelle est la valeur de ce temps ?

ÉTUDIER L'ÉCRITURE

16. Relevez l'énumération* (vers 10 et 11). Quel effet produit-elle ?

17. Pour quelles raisons le fabuliste compare-t-il la Tortue à Ulysse (vers 13 et 14) ?

ÉTUDIER UN THÈME : IMPRUDENCE ET SOTTISE DES VOYAGEURS

18. Pouvez-vous donner plusieurs sens à l'expression « *à la tête légère* » (vers 1) ?

élément perturbateur : **action ou événement qui marque une rupture et qui permet de faire démarrer le récit.**

énumération : **succession de termes qui forment une sorte de liste ou de catalogue.**

La Tortue et les deux Canards, gravure de Jean-Baptiste Oudry.

La Tortue et les deux Canards, illustration extraite du *Livre de Kalila et Dimna.*

19. Expliquez l'ironie de l'expression « *ce beau dessein* » (vers 6).

20. La mort de la Tortue est causée par :
☐ son imprudence et sa prétention.
☐ un accident.
☐ les deux Canards.

21. Relevez deux ou trois expressions montrant que La Fontaine se moque de la Tortue.

À VOS PLUMES !

22. Racontez à la manière d'un journaliste le voyage extraordinaire et la mort de la Tortue.

23. Rédigez l'interview★ des deux Canards après la mort de la Tortue.

LIRE L'IMAGE

Voir documents, pp. 40 et 41.

24. Distinguez les différents plans de l'image★ de la page 40 (1er, 2e, 3e, arrière-plan). Quelle étape de la fable de La Fontaine Oudry a-t-il choisi d'illustrer ?

25. Comment les Canards sont-ils disposés dans l'illustation orientale ? Comparez cette disposition avec celle choisie par Oudry. Que remarquez-vous ?

interview :
entrevue au cours de laquelle un journaliste interroge une personne sur sa vie, ses idées.

plans de l'image :
on distingue les plans d'une image en fonction de la distance qui sépare les objets représentés du spectateur. Le premier plan renvoie aux objets les plus proches du spectateur, l'arrière-plan aux objets les plus éloignés.

Les deux Pigeons

Deux Pigeons s'aimaient d'amour[1] tendre :
L'un d'eux, s'ennuyant au logis,
Fut assez fou pour entreprendre
Un voyage en lointain pays.
5   L'autre lui dit : « Qu'allez-vous faire ?
Voulez-vous quitter votre frère[2] ?
L'absence est le plus grand des maux :
Non pas pour vous, cruel ! Au moins, que les travaux[3],
Les dangers, les soins[4] du voyage,
10   Changent un peu votre courage.
Encor, si la saison s'avançait davantage !
Attendez les zéphyrs[5] : qui[6] vous presse ? un Corbeau
Tout à l'heure annonçait malheur à quelque Oiseau.
Je ne songerai plus que rencontre funeste[7],
15   Que Faucons, que réseaux[8]. « Hélas ! dirai-je, il pleut :
« Mon frère a-t-il tout ce qu'il veut,
« Bon soupé, bon gîte, et le reste ? »
Ce discours ébranla le cœur
De notre imprudent Voyageur ;
20   Mais le désir de voir et l'humeur inquiète[9]
L'emportèrent enfin. Il dit : « Ne pleurez point ;
Trois jours au plus rendront mon âme satisfaite ;
Je reviendrai dans peu[10] conter de point en point

notes

1. **amour :** à prendre au sens large, c'est-à-dire sentiments amoureux, mais aussi fraternels et amicaux.

2. **votre frère :** désigne le Pigeon qui parle. Les deux Pigeons s'aiment d'un amour fraternel.

3. **travaux :** peines, difficultés.

4. **soins :** soucis.

5. **zéphyrs :** dans l'Antiquité, noms de vents légers.

6. **qui :** qu'est-ce qui.

7. **funeste :** qui apporte le malheur et la tristesse.

8. **réseaux :** filets.

9. **inquiète :** qui ne peut pas rester en repos.

10. **dans peu :** dans peu de temps.

Mes aventures à mon frère ;
25 Je le désennuierai. Quiconque ne voit guère
N'a guère à dire aussi. Mon voyage dépeint[1]
    Vous sera d'un plaisir extrême.
Je dirai : "J'étais là ; telle chose m'avint[2]" ;
    Vous y croirez être vous-même. »
30 À ces mots, en pleurant, ils se dirent adieu.
Le Voyageur s'éloigne ; et voilà qu'un nuage
L'oblige de chercher retraite en quelque lieu.
Un seul arbre s'offrit, tel encor que l'orage
Maltraita le Pigeon en dépit du feuillage.
35 L'air devenu serein, il part tout morfondu,
Sèche du mieux qu'il peut son corps chargé de pluie.
Dans un champ à l'écart voit du blé répandu,
Voit un Pigeon auprès : cela lui donne envie ;
Il y vole, il est pris : ce blé couvrait d'un las[3]
40   Les menteurs et traîtres appas.
Le las était usé : si bien que, de son aile,
De ses pieds, de son bec, l'Oiseau le rompt enfin :
Quelque plume y périt ; et le pis[4] du destin
Fut qu'un certain Vautour, à la serre cruelle,
45 Vit notre malheureux, qui, traînant la ficelle
Et les morceaux du las qui l'avait attrapé,
    Semblait un forçat échappé.
Le Vautour s'en allait le lier[5], quand des nues[6]
Fond à son tour un Aigle aux ailes étendues.
50 Le Pigeon profita du conflit des voleurs,
S'envola, s'abattit auprès d'une masure,
    Crut, pour ce coup, que ses malheurs

---

notes

1. dépeint : raconté.   **3. las :** piège.   **5. lier :** attraper avec ses serres.

2. m'avint : m'advint, m'arriva.   **4. le pis :** le pire.   **6. des nues :** du haut des airs.

Finiraient par cette aventure ;
Mais un fripon d'enfant (cet âge est sans pitié)
55 Prit sa fronde et, du coup, tua plus d'à moitié[1]
La Volatile[2] malheureuse,
Qui, maudissant sa curiosité,
Traînant l'aile et tirant le pié[3],
Demi-morte et demi-boiteuse,
60 Droit au logis s'en retourna :
Que bien, que mal[4], elle arriva
Sans autre aventure fâcheuse.
Voilà nos gens rejoints ; et je laisse à juger
De combien de plaisirs ils payèrent leurs peines.

65 Amants, heureux amants, voulez-vous voyager ?
Que ce soit aux rives prochaines.
Soyez-vous l'un à l'autre un monde toujours beau,
Toujours divers, toujours nouveau ;
Tenez-vous lieu de tout, comptez pour rien le reste.
70 J'ai quelquefois[5] aimé : je n'aurais pas alors
Contre le Louvre[6] et ses trésors,
Contre le firmament et sa voûte céleste,
Changé les bois, changé les lieux
Honorés par les pas, éclairés par les yeux
75 De l'aimable et jeune Bergère
Pour qui, sous le fils de Cythère[7],
Je servis[8], engagé par mes premiers serments.

notes

1. tua plus d'à moitié : blessa très grièvement.

2. Volatile : au XVIIe siècle, ce nom est féminin.

3. pié : pied.

4. Que bien, que mal : tant bien, que mal.

5. quelquefois : une fois.

6. le Louvre : résidence du roi.

7. Cythère : nom d'une île grecque où Vénus, déesse de l'amour, était adorée. Le fils de Cythère est donc le dieu Amour.

8. Je servis : servir sous un dieu (ici, le fils de Cythère) signifie lui rendre le culte qui lui est dû, lui obéir, l'honorer.

Hélas ! quand reviendront de semblables moments ?
Faut-il que tant d'objets[1] si doux et si charmants
80 Me laissent vivre au gré de mon âme inquiète ?
Ah ! si mon cœur osait encor se renflammer !
Ne sentirai-je plus de charme[2] qui m'arrête ?
    Ai-je passé le temps d'aimer ?

IX, 2.

notes

1. objets : au XVIIᵉ siècle, renvoient aux objets de l'amour, les femmes.

2. charme : sortilège.

Des fables pour rire

Le Corbeau voulant imiter l'Aigle

L'oiseau de Jupiter[1] enlevant un Mouton,
    Un Corbeau, témoin de l'affaire,
Et plus faible de reins, mais non pas moins glouton,
    En voulut sur l'heure autant faire.
5   Il tourne à l'entour du troupeau,
Marque[2] entre cent Moutons le plus gras, le plus beau,
    Un vrai Mouton de sacrifice :
On l'avait réservé pour la bouche des Dieux.
Gaillard Corbeau disait, en le couvant des yeux :
10   « Je ne sais qui fut ta nourrice ;
Mais ton corps me paraît en merveilleux état :
    Tu me serviras de pâture[3]. »

notes

1. L'oiseau de Jupiter : dans la mythologie latine, l'aigle était l'oiseau consacré au roi des dieux, Jupiter.

2. Marque : remarque.

3. pâture : ce qui sert à la nourriture des bêtes.

Sur l'animal bêlant à ces mots il s'abat.
    La Moutonnière créature
15 Pesait plus qu'un fromage, outre que sa toison[1]
    Était d'une épaisseur extrême,
Et mêlée à peu près de la même façon
    Que la barbe de Polyphème[2].
Elle empêtra si bien les serres du Corbeau,
20 Que le pauvre Animal ne put faire retraite.
Le Berger vient, le prend, l'encage bien et beau[3],
Le donne à ses enfants pour servir d'amusette.

Il faut se mesurer[4] ; la conséquence est nette :
Mal prend aux volereaux[5] de faire les voleurs.
25   L'exemple est un dangereux leurre[6] :
Tous les mangeurs de gens ne sont pas grands seigneurs ;
Où la Guêpe a passé, le Moucheron demeure.

II, 16.

notes

1. toison : fourrure du mouton.

2. Polyphème : nom du cyclope, géant doté d'un œil unique, qui extermina une partie des compagnons d'Ulysse dans l'*Odyssée* d'Homère.

3. bien et beau : bel et bien.

4. se mesurer : évaluer ses forces.

5. volereaux : voleurs de peu d'envergure, médiocres.

6. leurre : tromperie, piège, illusion.

La Grenouille qui se veut faire aussi grosse que le Bœuf

Une Grenouille vit un Bœuf
Qui lui sembla de belle taille.
Elle, qui n'était pas grosse en tout comme un œuf,
Envieuse, s'étend, et s'enfle, et se travaille[1],
5   Pour égaler l'animal en grosseur,
Disant : « Regardez bien, ma sœur ;
Est-ce assez ? dites-moi ; n'y suis-je point encore ?
Nenni[2]. — M'y voici donc ? — Point du tout. — M'y voilà ?
—Vous n'en approchez point. » La chétive[3] Pécore[4]
10   S'enfla si bien qu'elle creva.

Le monde est plein de gens qui ne sont pas plus sages :
Tout bourgeois veut bâtir comme les grands seigneurs,
Tout petit prince a des ambassadeurs,
Tout marquis veut avoir des pages[5].

I, 3.

notes

1. se travaille : se fatigue, fait des efforts.

2. Nenni : adverbe de négation, plus fort que « non ».

3. chétive : de peu d'importance, de peu de force.

4. Pécore : bête stupide.

5. pages : au XVIIe siècle, les pages sont de jeunes nobles qui viennent s'instruire auprès du roi et le servir.

49

L'Âne vêtu de la peau du Lion

De la peau du Lion l'Âne s'étant vêtu,
     Était craint partout à la ronde ;
     Et bien qu'Animal sans vertu[1],
     Il faisait trembler tout le monde.
5 Un petit bout d'oreille échappé par malheur
     Découvrit la fourbe[2] et l'erreur :
     Martin[3] fit alors son office.
Ceux qui ne savaient pas la ruse et la malice
     S'étonnaient de voir que Martin
10   Chassât les Lions au moulin.

     Force[4] gens font du bruit[5] en France,
Par qui cet apologue[6] est rendu familier.
     Un équipage cavalier[7]
     Fait les trois quarts de leur vaillance[8].

V, 21.

---

notes

1. vertu : courage.

2. fourbe : fourberie, tromperie.

3. Martin : nom du bâton qui sert à frapper l'âne.

4. Force : beaucoup de.

5. font du bruit : font parler d'eux.

6. apologue : synonyme de « fable » pour La Fontaine.

7. Un équipage cavalier : l'équipage est constitué de tout ce qui est nécessaire à un voyage (chevaux, carrosse, valets…). « Cavalier » signifie élégant, du meilleur goût.

8. vaillance : courage.

Le Lion devenu vieux

Le Lion, terreur des forêts,
Chargé d'ans et pleurant son antique prouesse[1],
Fut enfin[2] attaqué par ses propres sujets,
Devenus forts par sa faiblesse.
5 Le Cheval s'approchant lui donne un coup de pied ;
Le Loup, un coup de dent ; le Bœuf, un coup de corne.
Le malheureux Lion, languissant, triste et morne[3],
Peut à peine rugir, par l'âge estropié.
Il attend son destin, sans faire aucunes plaintes,
10 Quand voyant l'Âne même à son antre[4] accourir :
« Ah ! c'est trop, lui dit-il ; je voulais bien mourir ;
Mais c'est mourir deux fois que souffrir tes atteintes. »

III, 14.

---

notes

1. prouesse : bravoure.

2. enfin : à la fin.

3. morne : triste et sombre.

4. antre : caverne.

L'Âne et le petit Chien

Ne forçons point notre talent,
Nous ne ferions rien avec grâce[1] :
Jamais un lourdaud, quoi qu'il fasse,
Ne saurait passer pour galant[2].
5 Peu de gens, que le Ciel chérit et gratifie[3],
Ont le don d'agréer[4] infus avec[5] la vie.
C'est un point qu'il leur faut laisser,
Et ne pas ressembler à l'Âne de la fable,
Qui, pour se rendre plus aimable
10 Et plus cher à son Maître, alla le caresser.
« Comment ? disait-il en son âme,
Ce Chien, parce qu'il est mignon,
Vivra de pair à compagnon[6]
Avec Monsieur, avec Madame ;
15 Et j'aurai des coups de bâton ?
Que fait-il ? il donne la patte ;
Puis aussitôt il est baisé[7] :
S'il en faut faire autant afin que l'on me flatte[8],
Cela n'est pas bien malaisé. »
20 Dans cette admirable pensée,
Voyant son Maître en joie, il s'en vient lourdement,
Lève une corne[9] tout usée,
La lui porte au menton fort amoureusement,
Non sans accompagner, pour plus grand ornement,

25 De son chant gracieux cette action hardie[1].
« Oh ! oh ! quelle caresse ! et quelle mélodie !
Dit le maître aussitôt. Holà, Martin-bâton[2] ! »
Martin-bâton accourt : l'Âne change de ton.
        Ainsi finit la comédie.

IV, 5.

L'Âne et le petit Chien,
gravure de Jean-Baptiste Oudry.

notes

1. **hardie :** intrépide.

2. **Martin-bâton :** nom donné à l'homme armé du bâton qui sert à frapper l'âne.

Au fil du texte

AVEZ-VOUS BIEN LU ?

1. Qui sont les personnages principaux ?

2. La caractéristique principale de l'Âne est :
☐ la ruse. ☐ la bêtise. ☐ la délicatesse.

3. Résumez l'action en une phrase.

ÉTUDIER LE VOCABULAIRE ET LA GRAMMAIRE

4. Donnez un synonyme et un antonyme★ du mot *« grâce »* (vers 2). Ce terme convient-il pour qualifier l'Âne ?

5. Quel type de phrase utilise le Maître (vers 26-27) ? Pourquoi ?

6. Relevez trois propositions subordonnées et donnez leur nature.

ÉTUDIER LE DISCOURS DE L'ÂNE

7. Le discours de l'Âne (vers 11 à 19) est :
☐ un monologue intérieur★.
☐ un discours publique★.
☐ un dialogue★.

8. Relevez les phrases interrogatives dans le discours de l'Âne. Quelle est leur valeur ?

9. Citez un vers montrant que l'Âne dialogue avec lui-même.

10. Que cherche à obtenir l'Âne ?

11. À quel autre animal l'Âne se compare-t-il ? Pourquoi ?

antonyme : mot qui a un sens opposé à un autre mot ; « laid » est l'antonyme de « beau ».

monologue intérieur : discours que l'on se fait à soi-même dans ses pensées.

discours publique : discours que l'on fait devant un auditoire ou une assemblée.

dialogue : échange de paroles entre deux personnes.

ÉTUDIER LE GENRE DE LA FABLE

12. Quel genre d'hommes l'Âne symbolise-t-il ?

13. À quels vers commence et se termine la moralité ?

14. À quel vers commence précisément le récit (voir définition p. 147) ?

15. Montrez en quoi cette fable ressemble à une petite pièce de théâtre.

ÉTUDIER L'ÉCRITURE

16. Relevez deux mots qui s'opposent (vers 3 et 4).

17. Lisez l'alexandrin (voir définition p. 136) du vers 25 à voix haute. Que remarquez-vous ?

18. Avec quel mot rime « *lourdement* » (vers 21) ? En quoi cette rime est-elle amusante ?

ÉTUDIER LE COMIQUE DE LA FABLE

19. Relevez deux ou trois expressions qui montrent que La Fontaine se moque de l'Âne.

20. Quelle situation est profondément comique ?

21. Quel est le châtiment reçu par l'Âne ? En quoi est-il proche de la farce* ?

farce :
courte pièce comique et populaire caractérisée par le comique de geste (gifles, coups de pied...) et les retournements de situation.

À VOS PLUMES !

22. Racontez l'histoire de l'Âne et de son maître vue par les yeux du petit Chien. Ce dernier s'exprimera sur un ton moqueur.

23. Imaginez le monologue plaintif de l'Âne après avoir reçu les coups de bâton.

24. Réécrivez le monologue de l'Âne dans un niveau de langue* familier.

LIRE L'IMAGE

Voir document, p. 53

25. Quels sont les éléments de la gravure d'Oudry montrant que l'Âne n'est pas à sa place dans le décor ?

26. Montrez que l'Âne apparaît totalement ridicule dans la gravure d'Oudry.

MISE EN SCÈNE

27. Transposez cette fable en petite pièce de théâtre. D'abord vous chercherez les trois actes de la pièce, c'est-à-dire les trois grands mouvements de la fable. Vous écrirez ensuite les dialogues et les didascalies*. Enfin vous interpréterez la pièce.

niveau de langue : manière de s'exprimer en fonction du destinataire et des circonstances. Il existe trois registres de langue : familier, courant et soutenu.

didascalies : indications de mise en scène données par l'auteur de la pièce.

La Laitière et le Pot au lait

Perrette, sur sa tête ayant un Pot au lait
    Bien posé sur un coussinet,
Prétendait arriver sans encombre à la ville.
Légère et court vêtue, elle allait à grands pas,
5 Ayant mis ce jour-là, pour être plus agile,
    Cotillon[1] simple et souliers plats.
    Notre Laitière ainsi troussée[2]
    Comptait déjà dans sa pensée
Tout le prix de son lait, en employait l'argent ;
10 Achetait un cent[3] d'œufs, faisait triple couvée :
La chose allait à bien par son soin diligent[4].
    « Il m'est, disait-elle, facile
D'élever des poulets autour de ma maison ;
    Le renard sera bien habile
15 S'il ne m'en laisse assez pour avoir un cochon.
Le porc à s'engraisser coûtera peu de son ;
Il était, quand je l'eus, de grosseur raisonnable :
J'aurai, le revendant, de l'argent bel et bon.
Et qui m'empêchera de mettre en notre étable,
20 Vu le prix dont il est, une vache et son veau,
Que je verrai sauter au milieu du troupeau ? »
Perrette là-dessus saute aussi, transportée :
Le lait tombe ; adieu veau, vache, cochon, couvée.
La Dame de ces biens, quittant d'un œil marri[5]

---

notes

1. **Cotillon :** jupe de dessous, très courte, portée par les enfants et les paysannes.

2. **troussée :** habillée avec soin.

3. **un cent :** une centaine.

4. **diligent :** empressé, rapide et soigneux.

5. **marri :** fâché, triste.

25 Sa fortune ainsi répandue,
Va s'excuser à son mari.
En grand danger d'être battue.
Le récit en farce en fut fait ;
On l'appela *le Pot au lait*.

30 Quel esprit ne bat la campagne[1] ?
Qui ne fait châteaux en Espagne ?
Picrochole[2], Pyrrhus[3], la Laitière, enfin tous,
Autant les sages que les fous.
Chacun songe en veillant ; il n'est rien de plus doux :
35 Une flatteuse erreur[4] emporte alors nos âmes ;
Tout le bien du monde est à nous,
Tous les honneurs, toutes les femmes.
Quand je suis seul, je fais au plus brave un défi ;
Je m'écarte, je vais détrôner le Sophi[5] ;
40 On m'élit Roi, mon peuple m'aime ;
Les diadèmes[6] vont sur ma tête pleuvant :
Quelque accident fait-il que je rentre en moi-même,
Je suis Gros-Jean comme devant[7].

VII, 10.

---

notes

1. ne bat la campagne : ne divague pas.

2. Picrochole : personnage inventé par Rabelais qui rêve que ses conquêtes vont faire de lui le maître du monde.

3. Pyrrhus : roi d'Épire connu pour sa folle ambition.

4. Une flatteuse erreur : une illusion séduisante.

5. Sophi : le schah ou roi de Perse.

6. diadèmes : bandeaux recouverts de pierres précieuses que les rois portent autour du front. Sorte de couronne.

7. Je suis Gros-Jean comme devant : après avoir rêvé qu'il était roi, le fabuliste revient à la réalité. Il est resté Gros-Jean, c'est-à-dire l'homme ordinaire qu'il était avant sa rêverie.

Au fil du texte

AVEZ-VOUS BIEN LU ?

1. Qui est le personnage principal ? Qu'apprenez-vous de lui (milieu social, apparence physique, trait de caractère) ? Pourriez-vous faire son portrait ?

2. L'action se déroule :
☐ dans un château. ☐ sur une route de campagne.
☐ dans une ville.

3. Quel est le projet de Perrette ?

4. Perrette arrive-t-elle à réaliser son projet ?

ÉTUDIER LE VOCABULAIRE ET LA GRAMMAIRE

5. Relevez le champ lexical* de l'argent (vers 7 à 21).

6. À quel niveau de langue* appartient le mot « *Dame* » (vers 24) ?

7. Quel est le sens du mot « *fortune* » au vers 25 ? Donnez son étymologie*.

8. Relevez les deux phrases interrogatives (vers 30 et 31). Ces questions attendent-elles une réponse ?

ÉTUDIER LE MONOLOGUE INTÉRIEUR* DE PERRETTE

9. À partir de quel vers prend-on connaissance des pensées de Perrette ?

10. À quels vers commence et se termine le monologue intérieur de Perrette au discours direct* ?

champ lexical : ensemble de mots renvoyant à une même idée, une même notion, un même thème.

niveau de langue : manière de s'exprimer en fonction du destinataire et des circonstances. Il existe trois registres de langue : familier, courant et soutenu.

étymologie : origine d'un mot.

monologue intérieur : discours que l'on se fait à soi-même dans ses pensées.

discours direct : paroles d'un individu qui sont rapportées directement, c'est-à-dire entre guillemets.

Relevez les marques du discours direct pour justifier votre réponse.

11. Quel temps grammatical prouve ici que Perrette fait des projets ?

12. Quels sont les temps utilisés par Perrette (vers 17) ? Comment les expliquez-vous ?

13. Dans quel ordre les animaux se présentent-ils dans la rêverie de Perrette ? Expliquez cette progression.

ÉTUDIER LE GENRE DE LA FABLE

14. Indiquez à quels vers commencent et se terminent le récit (voir définition p. 147) et la moralité.

15. Perrette est-elle selon vous un personnage de fable ?

merveilleux :
extraordinaire,
invraisemblable.
Les animaux
qui parlent
font partie
du merveilleux
de la fable.

16. Le récit fait-il appel au merveilleux* que l'on trouve souvent dans les autres fables de La Fontaine ou dans les contes ?

17. À partir du vers 30, quels sont les indices (pronoms, temps, types de phrases...) qui montrent que La Fontaine prend la parole.

18. Comparez la moralité de cette fable à celles de *La Grenouille qui se veut faire aussi grosse que le Bœuf* et de *L'Âne et le petit Chien*. Que remarquez-vous à propos de sa longueur et du pronom personnel utilisé par le fabuliste ?

ÉTUDIER L'ÉCRITURE

19. Relevez un alexandrin et un octosyllabe (voir définitions p. 136). Justifiez votre réponse.

20. Relevez l'allitération* du vers 28. Quel effet produit-elle ?

21. Relevez l'énumération* du vers 23. Quel effet produit-elle ?

ÉTUDIER LE COMIQUE DE LA FABLE

22. Qu'apprenez-vous au vers 28 ? Qu'en déduisez-vous ?

23. Expliquez le retournement de situation en comparant les rêves de Perrette à ce qui lui arrive en réalité à la fin du récit.

24. Pourquoi Perrette fait-elle rire le lecteur ?

25. Comparez le vers 23 au long monologue intérieur de Perrette. Pourquoi est-il amusant ?

À VOS PLUMES !

26. Réécrivez cette fable en la transposant dans le monde animal. Pour cela, vous conserverez les actions du récit et vous choisirez, pour remplacer Perrette, l'animal qui vous semble le plus proche de son caractère.

27. Rédigez deux ou trois moralités différentes de deux vers chacune qui tireront les leçons de l'histoire de Perrette.

allitération : répétition d'une même consonne à l'intérieur du même vers ou de la même phrase.

énumération : succession de termes qui forment une sorte de catalogue ou de liste.

L'homme et l'animal

Le Héron

Un jour, sur ses longs pieds, allait, je ne sais où,
Le Héron au long bec emmanché[1] d'un long cou.
    Il côtoyait[2] une rivière.
L'onde[3] était transparente ainsi qu'aux plus beaux jours ;
5 Ma commère la Carpe y faisait mille tours,
    Avec le Brochet son compère.
Le Héron en eût fait aisément son profit :
Tous approchaient du bord ; l'Oiseau n'avait qu'à prendre.
    Mais il crut mieux faire d'attendre
10   Qu'il eût un peu plus d'appétit :
Il vivait de régime[4] et mangeait à ses heures.

notes

1. emmanché : terme utilisé en peinture qui signifie « joint à », « relié à ».

2. côtoyait : allait le long de.

3. onde : eau.

4. vivait de régime : vivait selon un régime, c'est-à-dire en sélectionnant avec soin les aliments bons pour la santé.

Après quelques moments, l'appétit vint : l'Oiseau,
    S'approchant du bord, vit sur l'eau
Des Tanches[1] qui sortaient du fond de ces demeures.
15 Le mets[2] ne lui plut pas ; il s'attendait à mieux,
    Et montrait un goût dédaigneux,
    Comme le Rat du bon Horace[3].
« Moi, des Tanches ! dit-il ; moi, Héron, que je fasse
Une si pauvre chère[4] ? Et pour qui me prend-on ? »
20 La tanche rebutée[5], il trouva du Goujon[6].
« Du Goujon ! c'est bien là le dîner d'un Héron !
J'ouvrirais pour si peu le bec ! aux Dieux ne plaise ! »
Il l'ouvrit pour bien moins : tout alla de façon
    Qu'il ne vit plus aucun Poisson.
25 La faim le prit : il fut tout heureux et tout aise
    De rencontrer un Limaçon.

    Ne soyons pas si difficiles :
Les plus accommodants[7], ce sont les plus habiles ;
On hasarde[8] de perdre en voulant trop gagner.
30   Gardez-vous de rien dédaigner,
Surtout quand vous avez à peu près votre compte.
Bien des gens y sont pris. Ce n'est pas aux hérons
Que je parle ; écoutez[9], humains, un autre conte :
Vous verrez que chez vous j'ai puisé ces leçons.

VII, 4.

---

notes

1. Tanches : poissons d'eau douce du genre de la carpe.

2. mets : aliment.

3. Horace : poète latin qui raconta l'histoire du Rat des villes refusant avec mépris la nourriture que lui proposait le Rat des champs.

4. chère : repas.

5. rebutée : rejetée, refusée.

6. Goujon : petit poisson d'eau douce.

7. Les plus accommodants : les moins difficiles, ceux qui s'arrangent avec ce qu'ils trouvent.

8. hasarde : risque.

9. écoutez : La Fontaine interpelle ses lecteurs et leur annonce qu'il va leur raconter un autre conte. Ce conte qui s'appelle La Fille suit la fable du Héron dans le VIIe livre des Fables.

Au fil du texte

AVEZ-VOUS BIEN LU ?

1. Qui est le personnage principal ?

2. Où se déroule l'action ?

3. Pouvez-vous préciser l'époque où se situe l'action ? En quoi cette époque rappelle-t-elle l'univers du conte ?

4. Résumez l'action en une phrase.

ÉTUDIER LE VOCABULAIRE ET LA GRAMMAIRE

5. Que signifie le mot « *dédaigneux* » (vers 16) ? Donnez deux mots de la même famille★.

6. Quels sont les temps et les modes des verbes du vers 22 ?

7. Relevez les verbes à l'impératif (vers 27 à 34).

ÉTUDIER LE RÉCIT

8. Indiquez à quels vers commence et se termine la situation initiale★ du récit (voir exemple pp. 134-135).

9. À quel vers se situe l'élément perturbateur★ du récit ? À quel temps le reconnaissez-vous ?

10. Quelles sont les principales étapes du récit ?

11. Dans quel ordre se présentent les animaux que rencontre le Héron ? Expliquez cette progression.

ÉTUDIER LE GENRE DE LA FABLE

12. En quoi le Héron est-il un personnage de fable ?

famille de mots : ensemble des mots qui sont formés sur le même radical.

situation initiale : début de l'histoire où les personnages, le lieu, l'époque sont présentés. La situation initiale est toujours stable. Le récit ne commencera qu'avec l'élément perturbateur.

élément perturbateur : action ou événement qui marque une rupture et qui permet de faire démarrer le récit.

13. À qui s'adresse la moralité ?

14. Qu'enseigne la moralité ?

ÉTUDIER L'ÉCRITURE

15. Comment appelle-t-on les vers (voir définition p. 136) utilisés par La Fontaine (vers 1 et 2) ? Justifiez votre réponse.

16. Relevez une allitération* dans les deux premiers vers. Quel effet produit-elle ?

17. Quel mot se répète dans les deux premiers vers ? Pourquoi ?

allitération : répétition d'une même consonne à l'intérieur du même vers ou de la même phrase.

ÉTUDIER LE PERSONNAGE PRINCIPAL

18. Quelles sont les caractéristiques physiques du personnage ?

19. Relevez les mots ou les expressions qui permettent de comprendre le caractère du Héron.

20. Quels sont les types de phrases que l'on trouve dans le discours du Héron (vers 18-19 et 21-22) ? Pourquoi ?

21. Montrez que le Héron est un personnage ridicule.

22. Quel est le défaut humain symbolisé par le Héron ?

23. Quel est le rôle du Héron, et des animaux en général, pour le fabuliste ? Vous répondrez à cette question après avoir lu attentivement la moralité.

À VOS PLUMES !

24. Transposez sous forme de télégramme l'histoire du Héron.

25. Transposez le récit du Héron dans le monde des hommes. Vous conserverez l'histoire, mais vous choisirez un homme comme personnage principal.

LIRE L'IMAGE

Voir document, p. 67.

26. Comment Chauveau a-t-il suggéré dans sa gravure le ridicule du Héron de la fable ?

27. Pourquoi Chauveau a-t-il représenté de nombreux poissons derrière le Héron ?

Le Héron,
gravure de François Chauveau.

La Cigale et la Fourmi,
gravure de Jean-Baptiste Oudry.

La Cigale et la Fourmi

La Cigale ayant chanté
    Tout l'été,
Se trouva fort dépourvue
Quand la bise[1] fut venue :
5 Pas un seul petit morceau
De mouche ou de vermisseau[2].
Elle alla crier famine
Chez la Fourmi sa voisine,
La priant de lui prêter
10 Quelque grain pour subsister
Jusqu'à la saison nouvelle.
« Je vous paierai, lui dit-elle,
Avant l'oût[3], foi[4] d'animal,
Intérêt et principal[5]. »
15 La Fourmi n'est pas prêteuse :
C'est là son moindre défaut.
« Que faisiez-vous au temps chaud ?
Dit-elle à cette emprunteuse.
— Nuit et jour à tout venant[6]
20 Je chantais, ne vous déplaise.
—Vous chantiez ? j'en suis fort aise :
Eh bien ! dansez maintenant. »

I, 1.

Les Grenouilles
qui demandent un Roi

Les Grenouilles se lassant
De l'état démocratique,
Par leurs clameurs firent tant
Que Jupin[1] les soumit au pouvoir monarchique.
5   Il leur tomba du ciel un Roi tout pacifique :
Ce Roi fit toutefois un tel bruit en tombant,
    Que la gent[2] marécageuse,
    Gent fort sotte et fort peureuse,
    S'alla cacher sous les eaux,
10   Dans les joncs, dans les roseaux,
    Dans les trous du marécage,
Sans oser de longtemps regarder au visage
Celui qu'elles croyaient être un géant nouveau.
    Or c'était un Soliveau[3],
15   De qui la gravité fit peur à la première
    Qui, de[4] le voir s'aventurant,
    Osa bien[5] quitter sa tanière.
    Elle approcha, mais en tremblant ;
Une autre la suivit, une autre en fit autant :
20   Il en vint une fourmilière ;
Et leur troupe à la fin se rendit familière
    Jusqu'à sauter sur l'épaule du Roi.
Le bon sire le souffre[6], et se tient toujours coi[7].
Jupin en a bientôt la cervelle rompue :

notes

1. Jupin : Jupiter, dans la mythologie latine, roi des dieux.

2. gent : race, espèce.

3. Soliveau : pièce de bois qui sert à la construction des toits.

4. de : à.

5. bien : pour de bon.

6. le souffre : l'endure, l'accepte.

7. coi : silencieux.

25 « Donnez-nous, dit ce peuple, un Roi qui se remue. »
Le Monarque des Dieux leur envoie une Grue,
    Qui les croque, qui les tue,
    Qui les gobe à son plaisir ;
    Et Grenouilles de se plaindre,
30 Et Jupin de leur dire : « Eh quoi ? votre désir
    À ses lois croit-il nous astreindre[1] ?
    Vous avez dû[2] premièrement
    Garder votre gouvernement ;
Mais, ne l'ayant pas fait, il vous devait suffire
35 Que votre premier Roi fût débonnaire[3] et doux :
    De celui-ci contentez-vous,
    De peur d'en rencontrer un pire. »

III, 4.

notes

1. astreindre : obliger, forcer.

2. avez dû : auriez dû.

3. débonnaire : doux, facile
et bon.

Le Combat des Rats et des Belettes

La nation des Belettes,
Non plus que celle des Chats,
Ne veut aucun bien aux Rats ;
Et sans les portes étrètes[1]
5   De leurs habitations,
L'animal à longue échine
En ferait, je m'imagine,
De grandes destructions.
Or une certaine année
10   Qu'il en était à foison[2],
Leur Roi, nommé Ratapon,
Mit en campagne une armée.
Les Belettes, de leur part[3],
Déployèrent l'étendard[4].
15   Si l'on croit la Renommée,
La Victoire balança[5] :
Plus d'un guéret[6] s'engraissa
Du sang de plus d'une bande.
Mais la perte la plus grande
20   Tomba presque en tous endroits
Sur le peuple Souriquois.
Sa déroute fut entière,
Quoi que pût faire Artarpax,

---

notes

1. *étrètes :* étroites.

2. *Qu'il en était à foison :* qu'il y en avait un très grand nombre.

3. *de leur part :* de leur côté.

4. *Déployèrent l'étendard :* partirent en guerre. Littéralement l'expression signifie « déployer le drapeau, l'enseigne de guerre ».

5. *balança :* demeura incertaine.

6. *guéret :* terrain labouré.

Psicarpax, Méridarpax[1],
25 Qui, tout couverts de poussière,
Soutinrent assez longtemps
Les efforts des combattants.
Leur résistance fut vaine ;
Il fallut céder au sort :
30 Chacun s'enfuit au plus fort[2],
Tant Soldat que Capitaine.
Les Princes périrent tous.
La racaille, dans des trous
Trouvant sa retraite prête,
35 Se sauva sans grand travail[3] ;
Mais les Seigneurs sur leur tête
Ayant chacun un plumail[4],
Des cornes ou des aigrettes[5],
Soit comme marques d'honneur,
40 Soit afin que les Belettes
En conçussent plus de peur.
Cela causa leur malheur.
Trou, ni fente, ni crevasse
Ne fut large assez pour eux ;
45 Au lieu que[6] la populace
Entrait dans les moindres creux.
La principale jonchée[7]
Fut donc des principaux Rats.

---

notes

1. Artarpax, Psicarpax, Méridarpax : noms formés à partir du grec et qui signifient respectivement voleur de pain, voleur de miettes et voleur de morceaux. Parodie des noms de héros grecs que l'on trouve dans le récit de la guerre de Troie écrit par Homère.

2. au plus fort : au plus vite.

3. travail : peine, difficulté.

4. plumail : panache de plumes.

5. aigrettes : bouquets de plumes.

6. Au lieu que : tandis que.

7. jonchée : désigne les cadavres étendus sur le sol.

Une tête empanachée[1]
50 N'est pas petit embarras.
Le trop superbe équipage[2]
Peut souvent en un passage
Causer du retardement.
Les petits, en toute affaire,
55 Esquivent[3] fort aisément :
Les grands ne le peuvent faire.

IV, 6.

notes

1. empanachée : qui porte un panache, c'est-à-dire un bouquet de plumes.

2. équipage : tout ce qui est nécessaire à un noble pour le combat (chevaux, armes, valets…).

3. Esquivent : évitent la difficulté.

Le Lion s'en allant en guerre

Le Lion dans sa tête avait une entreprise :
Il tint conseil de guerre, envoya ses Prévôts[1],
    Fit avertir les Animaux.
Tous furent du dessein[2], chacun selon sa guise[3] :
     L'Éléphant devait sur son dos
     Porter l'attirail nécessaire,
     Et combattre à son ordinaire ;
     L'Ours, s'apprêter pour les assauts ;
Le Renard, ménager de secrètes pratiques ;
Et le Singe, amuser l'ennemi par ses tours.
« Renvoyez, dit quelqu'un, les Ânes, qui sont lourds,
Et les Lièvres, sujets à des terreurs paniques.
— Point du tout, dit le Roi ; je les veux employer :
Notre troupe sans eux ne serait pas complète.
L'Âne effraiera les gens, nous servant de trompette ;
Et le Lièvre pourra nous servir de courrier. »

     Le monarque prudent et sage
De ses moindres sujets[4] sait tirer quelque usage,
     Et connaît les divers talents.
Il n'est rien d'inutile aux personnes de sens[5].

                                 V, 19.

notes

1. Prévôts : personnages chargés de missions par le roi.

2. furent du dessein : eurent un rôle à jouer dans le projet.

3. selon sa guise : à sa manière, selon ses capacités.

4. sujets : toutes les personnes qui dépendent du roi et lui obéissent.

5. de sens : de bon sens, qui ont du jugement.

Au fil du texte

Questions sur *Le Lion s'en allant en guerre*

AVEZ-VOUS BIEN LU ?

1. Qui est le personnage principal ?

2. Que vous apprend le titre sur le projet du personnage principal ?

3. Résumez l'action en une phrase.

champ lexical :
ensemble de mots renvoyant à une même idée, une même notion, un même thème.

étymologie :
origine d'un mot.

interlocuteur :
personne qui parle avec une autre personne.

ÉTUDIER LE VOCABULAIRE ET LA GRAMMAIRE

4. Relevez les expressions montrant que le Lion joue le rôle du Roi.

5. Relevez le champ lexical★ de la guerre.

6. Quelle est l'étymologie★ du mot « *talents* » (vers 19) ?

7. Relevez les verbes au passé simple.

ÉTUDIER LE RÉCIT ET LE DIALOGUE

8. En vous aidant des temps utilisés dans la fable, délimitez précisément le récit (voir définition p. 147).

9. À quels vers commence et se termine le dialogue ? À quelles marques le reconnaissez-vous ?

10. Quels sont les deux interlocuteurs★ du dialogue ?

11. À quelles personnes de la conjugaison s'exprime le Roi ?

ÉTUDIER LE GENRE DE LA FABLE

12. Où se situe la moralité ?

13. Que symbolise le Lion ?

14. Que représentent les autres animaux ?

éloge : discours oral ou écrit qui souligne les qualités d'un personnage.

15. La moralité de la fable est :
☐ une critique du roi.   ☐ un éloge★ du roi.
☐ une critique du peuple.

ÉTUDIER L'ÉCRITURE

16. Comment les rimes (voir définition p. 136) de la moralité (vers 17 à 20) sont-elles disposées ?

17. Repérez un alexandrin (voir définition p. 136) dans la fable. Justifiez votre réponse.

18. Repérez une rime suffisante et une rime pauvre (voir définitions p. 136).

ÉTUDIER LES PERSONNAGES

19. Quel est, selon vous, le trait de caractère dominant du Lion ? Justifiez votre réponse.

20. Dans quel ordre sont présentés les animaux ?

21. Décrivez le rôle que doit remplir chaque animal pendant la guerre.

22. Quels sont les deux animaux qui paraissent inutiles en temps de guerre ? Pourquoi ?

23. Quel rôle le Roi attribue-t-il à l'Âne et au Lièvre ? Ce choix vous paraît-il amusant et judicieux ?

À VOS PLUMES !

24. Racontez une bataille où tous les animaux de la fable joueront leur rôle.

Le Lion s'en allant en guerre,
gravure de Gustave Doré.

25. Écrivez une lettre où l'Âne donne des arguments pour montrer qu'il peut être utile en temps de guerre.

LIRE L'IMAGE

Voir document, p. 78.

26. Doré a-t-il choisi de représenter l'univers animal de la fable de La Fontaine ? Que pensez-vous de son choix ?

27. Quels personnages de la fable de La Fontaine pouvez-vous reconnaître dans la gravure de Doré ?

L'Homme et la Couleuvre

Un Homme vit une Couleuvre :
« Ah ! méchante, dit-il, je m'en vais faire une œuvre
　　Agréable à tout l'univers ! »
　　À ces mots, l'animal pervers
5　　(C'est le Serpent que je veux dire,
Et non l'homme : on pourrait aisément s'y tromper),
À ces mots, le Serpent, se laissant attraper,
Est pris, mis en un sac ; et, ce qui fut le pire,
On résolut¹ sa mort, fût-il coupable ou non.
10 Afin de le payer toutefois de raison²,
　　　L'autre lui fit cette harangue³ :
« Symbole des ingrats ! être bon aux méchants,
C'est être sot ; meurs donc : ta colère et tes dents
Ne me nuiront jamais. » Le Serpent, en sa langue,
15 Reprit du mieux qu'il put : « S'il fallait condamner
　　　Tous les ingrats qui sont au monde,
　　　À qui pourrait-on pardonner ?
Toi-même tu te fais ton procès : je me fonde
Sur tes propres leçons ; jette les yeux sur toi.
20 Mes jours sont en tes mains, tranche-les ; ta justice,
C'est ton utilité, ton plaisir, ton caprice :
　　　Selon ces lois, condamne-moi ;
　　　Mais trouve bon qu'avec franchise
　　　En mourant au moins je te dise
25　　　Que le symbole des ingrats,

notes

1. résolut : décida.

2. payer [...] de raison :
donner des raisons, justifier.

3. harangue : discours.

Ce n'est point le serpent, c'est l'homme. » Ces paroles
Firent arrêter l'autre ; il recula d'un pas.
Enfin il repartit[1] : « Tes raisons sont frivoles.
Je pourrais décider, car ce droit m'appartient ;
30　Mais rapportons-nous-en[2]. — Soit fait[3] », dit le Reptile.
Une Vache était là : l'on l'appelle ; elle vient :
Le cas est proposé. « C'était chose facile :
Fallait-il, pour cela, dit-elle, m'appeler ?
La Couleuvre a raison : pourquoi dissimuler ?
35　Je nourris celui-ci depuis longues années ;
Il n'a sans mes bienfaits passé nulles journées :
Tout n'est que pour lui seul ; mon lait et mes enfants
Le font à la maison revenir les mains pleines :
Même j'ai rétabli sa santé, que les ans
40　　　Avaient altérée[4] ; et mes peines
Ont pour but son plaisir ainsi que son besoin.
Enfin me voilà vieille ; il me laisse en un coin
Sans herbe : s'il voulait encor me laisser paître !
Mais je suis attachée ; et si j'eusse eu pour maître
45　Un serpent, eût-il su jamais pousser si loin
L'ingratitude ? Adieu : j'ai dit ce que je pense. »
L'Homme, tout étonné d'une telle sentence[5],
Dit au Serpent : « Faut-il croire ce qu'elle dit ?
C'est une radoteuse ; elle a perdu l'esprit.
50　Croyons ce Bœuf. — Croyons », dit la rampante bête.
Ainsi dit, ainsi fait. Le Bœuf vient à pas lents.
Quand il eut ruminé tout le cas en sa tête,
　　　Il dit que du labeur[6] des ans

notes

1. repartit : répondit.

2. rapportons-nous-en : allons demander à d'autres de juger.

3. Soit fait : que cela soit fait.

4. altérée : dégradée.

5. sentence : le mot a le double sens de jugement et de moralité.

6. labeur : travail.

Pour nous seuls il portait les soins[1] les plus pesants,
55 Parcourant sans cesser ce long cercle de peines
Qui, revenant sur soi, ramenait dans nos plaines
Ce que Cérès[2] nous donne, et vend aux animaux ;
    Que cette suite de travaux
Pour récompense avait, de tous tant que nous sommes,
60 Force[3] coups, peu de gré[4] ; puis, quand il était vieux,
On croyait l'honorer chaque fois que les hommes
Achetaient de son sang l'indulgence des Dieux.
Ainsi parla le Bœuf. L'Homme dit : « Faisons taire
    Cet ennuyeux déclamateur[5] ;
65 Il cherche de grands mots, et vient ici se faire,
    Au lieu d'arbitre, accusateur.
Je le récuse[6] aussi. » L'Arbre étant pris pour juge,
Ce fut bien pis encore. Il servait de refuge
Contre le chaud, la pluie, et la fureur des vents ;
70 Pour nous seuls il ornait les jardins et les champs ;
L'ombrage n'était pas le seul bien qu'il sût faire :
Il courbait sous les fruits. Cependant pour salaire[7]
Un rustre[8] l'abattait : c'était là son loyer[9],
Quoique, pendant tout l'an, libéral[10] il nous donne,
75 Ou des fleurs au printemps, ou du fruit en automne,
L'ombre l'été, l'hiver les plaisirs du foyer.
Que ne l'émondait[11]-on, sans prendre la cognée[12] ?
De son tempérament, il eût encor vécu.

---

notes

1. *portait les soins :* supportait les soucis, les peines.

2. *Cérès :* dans la mythologie latine, déesse des moissons.

3. *Force :* de nombreux.

4. *gré :* reconnaissance.

5. *déclamateur :* celui qui déclame, prononce un discours.

6. *Je le récuse :* je rejette, je refuse son jugement.

7. *pour salaire :* en guise de récompense.

8. *rustre :* paysan.

9. *loyer :* salaire, récompense.

10. *libéral :* généreux.

11. *émondait :* action de débarrasser un arbre de ses branches mortes.

12. *cognée :* hache.

L'Homme, trouvant mauvais que l'on l'eût convaincu,
80 Voulut à toute force avoir cause gagnée.
« Je suis bien bon, dit-il, d'écouter ces gens-là ! »
Du sac et du Serpent aussitôt il donna
        Contre les murs, tant qu'il tua la bête.

        On en use ainsi chez les grands[1] :
85 La raison les offense ; ils se mettent en tête
Que tout est né pour eux, quadrupèdes et gens
        Et serpents.
        Si quelqu'un desserre les dents,
C'est un sot. — J'en conviens : mais que faut-il donc faire ?
90   — Parler de loin, ou bien se taire.

                                        X, 1.

notes

1. les grands : les grands
seigneurs, les puissants.

Trompeurs et trompés

Le Coq et le Renard

Sur la branche d'un arbre était en sentinelle
    Un vieux Coq adroit et matois[1].
« Frère, dit un Renard, adoucissant sa voix,
    Nous ne sommes plus en querelle[2] :
5   Paix générale cette fois.
Je viens te l'annoncer ; descends, que je t'embrasse.
    Ne me retarde point, de grâce ;
Je dois faire aujourd'hui vingt postes[3] sans manquer.
    Les tiens et toi pouvez vaquer,
10   Sans nulle crainte, à vos affaires[4] ;
    Nous vous y servirons en frères.

notes

1. matois : rusé.
2. querelle : conflit.

3. postes : unités de mesure équivalant à la distance entre deux relais de poste.

4. vaquer [...] à vos affaires : disposer de votre temps pour vos affaires.

Faites-en les feux[1] dès ce soir,
Et cependant viens recevoir
Le baiser d'amour fraternelle.
15   — Ami, reprit le Coq, je ne pouvais jamais
Apprendre une plus douce et meilleure nouvelle
          Que celle
        De cette paix ;
      Et ce m'est une double joie
20   De la tenir de toi. Je vois deux Lévriers,
        Qui, je m'assure[2], sont courriers
        Que pour ce sujet on envoie :
Ils vont vite, et seront dans un moment à nous.
Je descends : nous pourrons nous entre-baiser tous.
25   — Adieu, dit le Renard, ma traite[3] est longue à faire,
Nous nous réjouirons du succès de l'affaire
    Une autre fois. » Le Galand[4] aussitôt
        Tire ses grègues[5], gagne au haut[6],
        Mal content de son stratagème.
30   Et notre vieux Coq en soi-même
        Se mit à rire de sa peur ;
Car c'est double plaisir de tromper le trompeur.

                                        II, 15.

notes

1. feux : feux de joie pour fêter la paix.

2. je m'assure : j'en suis sûr.

3. traite : trajet effectué sans arrêt.

4. Le Galand : le rusé.

5. Tire ses grègues : tire ses pantalons, les remonte pour courir plus vite.

6. gagne au haut : s'enfuit.

Au fil du texte

Questions sur *Le Coq et le Renard*

AVEZ-VOUS BIEN LU ?

1. Qui sont les personnages ?

2. Où se déroule l'action ?

3. Résumez l'action en une phrase.

ÉTUDIER LE VOCABULAIRE ET LA GRAMMAIRE

4. Relevez le champ lexical* de l'affection dans le discours du Renard (vers 3 à 14).

5. Expliquez la formation (préfixe*, radical*, suffixe*) du mot « *embrasse* » (vers 6).

6. Relevez les verbes au mode impératif (vers 3 à 14).

ÉTUDIER LE DIALOGUE

7. Qui sont les deux interlocuteurs* du dialogue ?

8. Quel est le ton du Renard dans sa première réplique (vers 3 à 14) ? Justifiez votre réponse.

9. Comparez les deux répliques du Renard. Que remarquez-vous ?

10. Sur quel ton le Coq répond-il au Renard ?

11. Que demande précisément le Renard au Coq ?

12. Le Coq accepte-t-il de faire ce que lui demande le Renard ?

champ lexical : ensemble de mots renvoyant à une même idée, une même notion, un même thème.

préfixe : élément qui se trouve devant le radical d'un mot.

radical : élément qui contient le sens du mot. Tous les mots d'une même famille ont le même radical ; ex.: *bras*, *embrasser*, *brasse*.

suffixe : élément qui se trouve derrière le radical d'un mot.

interlocuteur : personne qui parle avec une autre personne.

Étudier le genre de la fable

13. Relevez les actions* racontées dans cette fable. Sont-elles nombreuses ?

14. En quoi les deux personnages sont-ils des personnages de fable ?

15. Où se situe la moralité ? À quoi la reconnaissez-vous (temps, portée générale) ?

16. La moralité de la fable est :
☐ un conseil. ☐ une constatation. ☐ une critique.

17. À quel procédé comique la moralité fait-elle référence ?

Étudier l'écriture

18. Repérez les deux principaux types de vers (voir définition p. 136) utilisés par La Fontaine.

19. Pourquoi La Fontaine fait-il rimer *« peur »* (vers 31) avec *« trompeur »* (vers 32) ?

20. Relevez une allitération* dans le vers 32.

Étudier un thème : la ruse

21. Quels sont les deux traits de caractère du Coq (vers 2). Qu'annoncent-ils ?

22. Quel personnage symbolise toujours la ruse dans les fables ? Citez une ou deux fables en exemple.

23. Relevez les termes ou les expressions montrant que le Renard est hypocrite.

24. En quoi consiste le *« stratagème »* (vers 29) du Renard ?

action : désigne un acte ou un ensemble d'actes accomplis par un personnage et qui font progresser l'histoire.

allitération : répétition d'une même consonne dans une même phrase ou un même vers.

25. Quelle est la ruse inventée par le Coq ?

26. Décrivez le retournement de situation.

À VOS PLUMES !

27. Écrivez une courte histoire illustrant la moralité de cette fable.

28. Imaginez le discours du Coq racontant aux poules le bon tour qu'il a joué au Renard.

LIRE L'IMAGE

Voir document, p. 89.

29. Par quels moyens (contraste du noir et du blanc, positions des personnages, décor) Oudry oppose-t-il les deux personnages de la fable ?

30. Décrivez les différents plans de l'image★. Comment sont-ils organisés ?

31. Où se situe précisément le Coq ? Pourquoi ?

plans de l'image : on distingue les plans d'une image en fonction de la distance qui sépare les objets représentés du spectateur. Le premier plan contient les objets les plus proches du spectateur, l'arrière-plan les objets les plus éloignés.

Le Coq et le Renard,
gravure de Jean-Baptiste Oudry.

Le Corbeau et le Renard

Maître Corbeau, sur un arbre perché,
Tenait en son bec un fromage.
Maître Renard, par l'odeur alléché[1],
Lui tint à peu près ce langage :
5 « Hé ! bonjour, Monsieur du Corbeau,
Que vous êtes joli ! que vous me semblez beau !
Sans mentir, si votre ramage[2]
Se rapporte[3] à votre plumage,
Vous êtes le Phénix[4] des hôtes[5] de ces bois. »
10 À ces mots le Corbeau ne se sent pas de joie ;
Et pour montrer sa belle voix,
Il ouvre un large bec, laisse tomber sa proie.
Le Renard s'en saisit, et dit : « Mon bon Monsieur,
Apprenez que tout flatteur
15 Vit aux dépens de celui qui l'écoute :
Cette leçon vaut bien un fromage, sans doute. »
Le Corbeau, honteux et confus,
Jura, mais un peu tard, qu'on ne l'y prendrait plus.

I, 2.

notes
1. **alléché :** attiré.
2. **ramage :** chant ou cri de l'oiseau.
3. **Se rapporte :** ressemble, est en rapport avec.
4. **Phénix :** oiseau mythologique au plumage doré qui a la particularité de renaître de ses cendres.
5. **hôtes :** habitants.

Le Renard et le Bouc

Capitaine Renard allait de compagnie
Avec son ami Bouc des plus haut encornés[1] :
Celui-ci ne voyait pas plus loin que son nez ;
L'autre était passé maître en fait de tromperie.
5   La soif les obligea de descendre en un puits :
      Là chacun d'eux se désaltère.
Après qu'abondamment tous deux en eurent pris,
Le Renard dit au Bouc : « Que ferons-nous, Compère ?
Ce n'est pas tout de boire, il faut sortir d'ici.
10 Lève tes pieds en haut, et tes cornes aussi ;
Mets-les contre le mur : le long de ton échine
      Je grimperai premièrement ;
      Puis sur tes cornes m'élevant,
      À l'aide de cette machine[2],
15   De ce lieu-ci je sortirai,
      Après quoi je t'en tirerai.
— Par ma barbe, dit l'autre, il est bon ; et je loue
      Les gens bien sensés comme toi.
      Je n'aurais jamais, quant à moi,
20   Trouvé ce secret, je l'avoue. »
Le Renard sort du puits, laisse son Compagnon,
      Et vous lui fait un beau sermon
      Pour l'exhorter à patience[3].
« Si le Ciel t'eût, dit-il, donné par excellence
25 Autant de jugement que de barbe au menton,

---

notes

1. encornés : pourvu de cornes. qui permet au Renard de sortir du puits.

2. machine : désigne les cornes, c'est-à-dire le moyen

3. Pour l'exhorter à patience : pour le pousser à patienter.

Tu n'aurais pas, à la légère,
Descendu dans ce puits. Or adieu : j'en suis hors ;
Tâche de t'en tirer, et fais tous tes efforts ;
   Car, pour moi, j'ai certaine affaire
30   Qui ne me permet pas d'arrêter en chemin. »

En toute chose il faut considérer la fin.

                                      III, 5.

La Chauve-Souris
et les deux Belettes

Une Chauve-Souris donna tête baissée
Dans[1] un nid de Belette ; et sitôt qu'elle y fut,
L'autre, envers les Souris de[2] longtemps courroucée[3],
    Pour la dévorer accourut.
5 « Quoi ? vous osez, dit-elle, à mes yeux vous produire[4],
Après que votre race a tâché de me nuire !
N'êtes-vous pas Souris ? Parlez sans fiction[5].
Oui, vous l'êtes, ou bien je ne suis pas Belette.
    — Pardonnez-moi, dit la Pauvrette,
10   Ce n'est pas ma profession[6].
Moi Souris ! Des méchants vous ont dit ces nouvelles.
    Grâce à l'Auteur de l'univers,
    Je suis Oiseau ; voyez mes ailes :
    Vive la gent[7] qui fend les airs ! »
15   Sa raison plut, et sembla bonne.
    Elle fait si bien qu'on lui donne
    Liberté de se retirer.
    Deux jours après, notre étourdie
    Aveuglément se va fourrer
20 Chez une autre Belette, aux Oiseaux ennemie.
La voilà derechef[8] en danger de sa vie.
La Dame du logis avec son long museau
S'en allait la croquer en qualité d'Oiseau,
Quand elle protesta qu'on lui faisait outrage :

notes

1. donna tête baissée/Dans : se cogna sans y prendre garde/Dans.

2. de : depuis.

3. courroucée : en colère.

4. produire : présenter.

5. fiction : mensonge.

6. profession : condition, état, nature.

7. gent : race, espèce.

8. derechef : de nouveau.

25 « Moi, pour telle passer ! Vous n'y regardez pas.
    Qui[1] fait l'Oiseau ? c'est le plumage.
    Je suis Souris : « vivent les Rats !
    Jupiter[2] confonde[3] les Chats ! »
    Par cette adroite repartie
30   Elle sauva deux fois sa vie.

Plusieurs se sont trouvés qui, d'écharpe[4] changeants,
Aux dangers, ainsi qu'elle, ont souvent fait la figue[5].
    Le sage dit, selon les gens :
    « Vive le Roi ! vive la Ligue[6] ! »

II, 5.

**La Chauve-Souris et les deux Belettes,
gravure de Gustave Doré.**

notes

1. Qui : qu'est-ce qui.

2. Jupiter : dans la mythologie latine, roi des dieux.

3. confonde : réduise à l'impuissance.

4. écharpe : vêtement qui servait à montrer qu'on appartenait à un parti.

5. ont [...] fait la figue : se sont moqués du danger.

6. Ligue : à la fin du XVIᵉ siècle, les partisans des Princes catholiques de la ligue portaient une écharpe verte et s'opposaient aux partisans du roi qui portaient une écharpe blanche.

Au fil du texte

Questions sur *La Chauve-Souris et les deux Belettes*

AVEZ-VOUS BIEN LU ?

1. Qui sont les personnages ?

2. Où se déroule l'action ?

3. Résumez l'action en une phrase.

ÉTUDIER LE VOCABULAIRE ET LA GRAMMAIRE

4. Que signifie l'expression « *tête baissée* » (vers 1) ?

5. Donnez deux sens du mot « *fiction* » (vers 7).

6. Quels types de phrase repérez-vous dans les deux répliques de la Chauve-Souris ?

ÉTUDIER LE RÉCIT ET LE DIALOGUE

7. À quel temps reconnaissez-vous le récit (voir définition p. 147) ?

8. Combien d'étapes repérez-vous dans le récit ?

9. À quelles marques reconnaissez-vous le dialogue ?

10. Quels sont les personnages qui s'expriment dans les dialogues ?

11. Quel est le ton de la Belette (vers 5 à 8) ?

12. Quel est le ton de la Chauve-Souris (vers 9 à 14) ?

ÉTUDIER LE GENRE DE LA FABLE

13. Où se situe la moralité ?

14. À quels événements historiques s'applique-t-elle ?

15. Quel genre d'hommes représente la Chauve-Souris ?

16. De quel autre animal des *Fables* pourriez-vous rapprocher la Chauve-Souris ? Citez une ou deux fables en exemple.

ÉTUDIER L'ÉCRITURE

17. Comment les rimes (voir définition p. 137) de la moralité sont-elles disposées ?

18. Comment la Chauve-Souris nomme-t-elle Dieu (vers 12 et vers 28) ?

ÉTUDIER UN THÈME : LA RUSE DES FAIBLES

19. Quels sont les deux traits de caractère de la Chauve-Souris ?

20. Relevez les mots ou les expressions qui prouvent la puissance des Belettes ?

21. Quels sont les arguments de la Chauve-Souris face aux deux Belettes ?

22. Montrez que les deux étapes du récit sont parfaitement symétriques. En quoi cette symétrie fait-elle ressortir la ruse de la Chauve-Souris ?

23. Comparez cette fable au *Loup et l'Agneau* (p. 7). Les faibles sont-ils toujours vainqueurs chez La Fontaine ?

À VOS PLUMES !

24. Imaginez deux autres moralités possibles.

25. Pour transposer cette fable dans le monde des hommes, vous imaginerez un enfant, qui, par étourderie, déclenche deux fois de suite la colère des adultes. Vous raconterez les ruses qui lui permettent d'échapper aux punitions.

LIRE L'IMAGE

Voir document, p. 94.

26. Décrivez la scène représentée par la gravure de Doré. À quel événement historique renvoie-t-elle ?

27. Quel rapport existe-t-il entre l'histoire de la Chauve-Souris et la gravure de Doré ?

La Grenouille et le Rat

« Tel, comme dit Merlin[1], cuide[2] engeigner[3] autrui
    Qui souvent s'engeigne soi-même. »
J'ai regret que ce mot soit trop vieux aujourd'hui :
Il m'a toujours semblé d'une énergie extrême.
5 Mais afin d'en venir au dessein que j'ai pris[4],
Un Rat plein d'embonpoint, gras, et des mieux nourris,
Et qui ne connaissait l'avent ni le carême[5],
Sur le bord d'un marais égayait ses esprits.
Une Grenouille approche, et lui dit en sa langue :
10 « Venez me voir chez moi ; je vous ferai festin. »
    Messire Rat promit soudain[6] :
Il n'était pas besoin de plus longue harangue[7].
Elle allégua[8] pourtant les délices du bain,
La curiosité, le plaisir du voyage,
15 Cent raretés à voir le long du marécage :
Un jour il conterait à ses petits-enfants
Les beautés de ces lieux, les mœurs des habitants,
Et le gouvernement de la chose publique[9]
    Aquatique.
20 Un point, sans plus, tenait le galand[10] empêché :
Il nageait quelque peu, mais il fallait de l'aide.
La Grenouille à cela trouve un très bon remède :

notes

1. Merlin : enchanteur célèbre des romans de la Table ronde.

2. cuide : croit.

3. engeigner : tendre un piège à.

4. Mais afin d'en venir au dessein que j'ai pris : mais pour en venir à mon sujet.

5. l'avent ni le carême : l'avent et le carême désignent dans la tradition catholique deux périodes de jeûne, l'une située avant Noël, l'autre avant Pâques.

6. soudain : immédiatement.

7. harangue : discours.

8. allégua : mit en avant.

9. chose publique : traduction littérale de république en latin. Désigne ici les affaires de l'État.

10. galand : rusé.

Le Rat fut à son pied par la patte attaché ;
    Un brin de jonc en fit l'affaire.
25 Dans le marais entrés, notre bonne Commère
S'efforce de tirer son Hôte au fond de l'eau,
Contre le droit des gens, contre la foi jurée ;
Prétend qu'elle en fera gorge-chaude[1] et curée[2] ;
C'était, à son avis, un excellent morceau.
30 Déjà dans son esprit la Galande le croque.
Il atteste[3] les dieux ; la Perfide s'en moque :
Il résiste ; elle tire. En ce combat nouveau,
Un Milan[4], qui dans l'air planait, faisait la ronde,
Voit d'en haut le pauvret se débattant sur l'onde[5].
35 Il fond dessus, l'enlève, et par même moyen
    La Grenouille et le lien.
    Tout en fut : tant et si bien,
    Que de cette double proie
    L'Oiseau se donne au cœur joie,
40   Ayant de cette façon
    À souper chair et poisson.

    La ruse la mieux ourdie[6]
    Peut nuire à son inventeur ;
    Et souvent la perfidie
45   Retourne sur son auteur.

IV, 11.

notes

1. gorge-chaude : entrailles encore chaudes que le chasseur donne à son oiseau de proie en récompense. Faire gorge-chaude signifie également se moquer de quelqu'un.

2. curée : entrailles du gibier que le chasseur donne aux chiens en récompense.

3. atteste : prend à témoin.

4. Milan : rapace à queue fourchue.

5. onde : eau.

6. ourdie : inventée, tramée.

L'Aigle, la Laie et la Chatte

L'Aigle avait ses Petits au haut d'un arbre creux,
    La Laie[1] au pied, la Chatte entre les deux,
Et sans s'incommoder, moyennant ce partage,
Mères et Nourrissons faisaient leur tripotage[2].
5 La Chatte détruisit par sa fourbe[3] l'accord ;
Elle grimpa chez l'Aigle, et lui dit : « Notre mort
(Au moins de nos enfants, car c'est tout un aux mères)
    Ne tardera possible[4] guères.
Voyez-vous à nos pieds fouir[5] incessamment
10 Cette maudite Laie, et creuser une mine ?
C'est pour déraciner le chêne assurément,
Et de nos Nourrissons attirer la ruine[6] :
    L'arbre tombant, ils seront dévorés ;
    Qu'ils s'en tiennent pour assurés.
15 S'il m'en restait un seul, j'adoucirais ma plainte. »
Au partir de[7] ce lieu, qu'elle remplit de crainte,
    La perfide descend tout droit
        À l'endroit
    Où la Laie était en gésine[8].
20   « Ma bonne amie et ma voisine,
Lui dit-elle tout bas, je vous donne un avis :
L'Aigle, si vous sortez, fondra sur vos Petits.
    Obligez-moi[9] de n'en rien dire :
    Son courroux[10] tomberait sur moi. »

---

notes

1. *Laie :* femelle du sanglier.

2. *tripotage :* affaires de la vie quotidienne (terme familier).

3. *fourbe :* fourberie.

4. *possible :* peut-être.

5. *fouir :* creuser.

6. *attirer la ruine :* provoquer la perte, la mort.

7. *Au partir de :* en partant de.

8. *était en gésine :* était couchée après avoir mis bas.

9. *Obligez-moi :* je vous serai reconnaissante.

10. *courroux :* colère.

25 Dans cette autre famille ayant semé l'effroi,
        La Chatte en son trou se retire.
    L'Aigle n'ose sortir, ni pourvoir aux besoins
        De ses Petits ; la Laie encore moins :
    Sottes de ne pas voir que le plus grand des soins[1],
30 Ce doit être celui d'éviter la famine.
    À demeurer chez soi l'une et l'autre s'obstine,
    Pour secourir les siens dedans l'occasion[2] :
            L'Oiseau royal, en cas de mine[3] ;
            La Laie, en cas d'irruption.
35 La faim détruisit tout ; il ne resta personne
    De la Gent[4] marcassine et de la Gent aiglonne
            Qui n'allât de vie à trépas[5] :
            Grand renfort[6] pour Messieurs les Chats.

    Que ne sait point ourdir[7] une langue traîtresse
40   Par sa pernicieuse adresse !
            Des malheurs qui sont sortis
            De la boîte de Pandore[8],
    Celui qu'à meilleur droit tout l'univers abhorre[9],
            C'est la fourbe à mon avis.

                                                    III, 6.

1. soins : soucis, inquiétudes.

2. dedans l'occasion : dans l'occasion. Comprendre ici « si l'occasion se présente ».

3. mine : renvoie ici au trou creusé par la Laie qui risque de déraciner l'arbre.

4. Gent : race, espèce.

5. trépas : mort.

6. renfort : augmentation de force.

7. ourdir : manier avec ruse.

8. Pandore : héroïne de la mythologie grecque qui, pour punir les hommes, répandit sur terre les maladies, les malheurs qu'elle tenait enfermés dans un vase.

9. abhorre : déteste.

La satire

L'Enfant et le Maître d'école

Dans ce récit je prétends faire voir
D'un certain Sot la remontrance[1] vaine[2].

Un jeune Enfant dans l'eau se laissa choir[3]
En badinant[4] sur les bords de la Seine.
5   Le Ciel permit qu'un saule se trouva,
Dont le branchage, après Dieu, le sauva.
S'étant pris, dis-je, aux branches de ce saule,
Par cet endroit passe un Maître d'école ;
L'Enfant lui crie : « Au secours ! je péris. »
10   Le Magister[5], se tournant à ses cris,
D'un ton fort grave à contretemps s'avise

---

notes

1. remontrance : avertissement que l'on donne à un enfant pour qu'il corrige son attitude.

2. vaine : inutile.

3. choir : tomber.

4. En badinant : en jouant.

5. Magister : maître d'école.

De le tancer[1] : « Ah ! le petit Babouin !
Voyez, dit-il, où l'a mis sa sottise !
Et puis, prenez de tels fripons le soin.
15 Que les parents sont malheureux qu'il faille
Toujours veiller à semblable canaille !
Qu'ils ont de maux ! et que je plains leur sort ! »
Ayant tout dit, il mit l'Enfant à bord[2].

Je blâme ici plus de gens qu'on ne pense.
20 Tout babillard[3], tout censeur[4], tout pédant[5]
Se peut connaître[6] au discours que j'avance.
Chacun des trois fait un peuple fort grand :
Le Créateur en a béni l'engeance[7].
En toute affaire ils ne font que songer
25   Aux moyens d'exercer leur langue.
Eh ! mon ami, tire-moi de danger,
      Tu feras après ta harangue[8].

I, 19.

Les Médecins

Le Médecin Tant-pis allait voir un malade
Que visitait aussi son Confrère Tant-mieux.
Ce dernier espérait, quoique son Camarade
Soutînt que le Gisant[1] irait voir ses aïeux[2].
5 Tous deux s'étant trouvés différents[3] pour la cure[4],
Leur Malade paya le tribut à Nature[5],
Après qu'en ses conseils Tant-pis eut été cru.
Ils triomphaient encor sur cette maladie.
L'un disait : « Il est mort ; je l'avais bien prévu.
10 — S'il m'eût cru, disait l'autre, il serait plein de vie. »

V, 12.

---

notes

1. *Gisant :* celui qui est couché.
2. *irait voir ses aïeux :* allait mourir.
3. *différents :* en désaccord.
4. *cure :* traitement.
5. *paya le tribut à Nature :* mourut.

Le Chat, la Belette et le petit Lapin

Du palais d'un jeune Lapin
Dame Belette, un beau matin,
S'empara : c'est une rusée.
Le Maître étant absent, ce lui fut chose aisée.
5   Elle porta chez lui ses pénates[1], un jour
Qu'il était allé faire à l'Aurore sa cour
Parmi le thym et la rosée.
Après qu'il eut brouté, trotté, fait tous ses tours,
Jannot Lapin retourne aux souterrains séjours.
10 La Belette avait mis le nez à la fenêtre.
« Ô Dieux hospitaliers[2] ! que vois-je ici paraître ?
Dit l'animal chassé du paternel logis.
Ô là, madame la Belette,
Que l'on déloge sans trompette[3],
15 Ou je vais avertir tous les Rats du pays. »
La Dame au nez pointu répondit que la terre
Était au premier occupant[4].
« C'était un beau sujet de guerre,
Qu'un logis où lui-même il n'entrait qu'en rampant.
20 Et quand ce serait un royaume,
Je voudrais bien savoir, dit-elle, quelle loi
En a pour toujours fait l'octroi[5]
À Jean, fils ou neveu de Pierre ou de Guillaume,
Plutôt qu'à Paul, plutôt qu'à moi. »

notes

1. pénates : chez les latins, dieux du foyer. Chaque famille romaine vénère des pénates qui lui sont propres.

2. hospitaliers : de l'hospitalité.

3. sans trompette : sans protestations, rapidement.

4. premier occupant : pour la Belette, le « premier occupant » est celui qui arrive le premier dans le terrier et non celui qui y habite depuis longtemps.

5. octroi : don, attribution.

25 Jean Lapin allégua[1] la coutume et l'usage :
    « Ce sont, dit-il, leurs lois qui m'ont de ce logis
    Rendu maître et seigneur, et qui, de père en fils,
    L'ont de Pierre à Simon, puis à moi Jean, transmis.
    « Le premier occupant », est-ce une loi plus sage ?
30   — Or bien, sans crier davantage,
    Rapportons-nous[2], dit-elle, à Raminagrobis. »
    C'était un Chat vivant comme un dévot ermite,
        Un Chat faisant la chattemite[3],
    Un saint homme de Chat, bien fourré[4], gros et gras,
35   Arbitre expert sur tous les cas.
        Jean Lapin pour juge l'agrée[5].
        Les voilà tous deux arrivés
        Devant Sa Majesté fourrée.
    Grippeminaud leur dit : « Mes enfants, approchez,
40 Approchez, je suis sourd, les ans en sont la cause. »
    L'un et l'autre approcha ne craignant nulle chose.
    Aussitôt qu'à portée il vit les contestants[6],
        Grippeminaud, le bon apôtre[7],
    Jetant des deux côtés la griffe en même temps,
45 Mit les plaideurs[8] d'accord en croquant l'un et l'autre.

    Ceci ressemble fort aux débats qu'ont parfois
    Les petits Souverains se rapportants aux Rois.

                                                    VII, 16.

notes

1. allégua : mit en avant.

2. Rapportons-nous : laissons décider, juger.

3. chattemite : nom composé du terme « chatte » et du mot latin « mitis » (doux). Le mot signifie hypocrite.

4. fourré : qui porte une fourrure comme les magistrats, les juges.

5. l'agrée : l'accepte.

6. contestants : désignent le Lapin et la Belette qui s'opposent dans le procès.

7. bon apôtre : formule ironique pour désigner un hypocrite.

8. plaideurs : ceux qui plaident, c'est-à-dire qui défendent une cause.

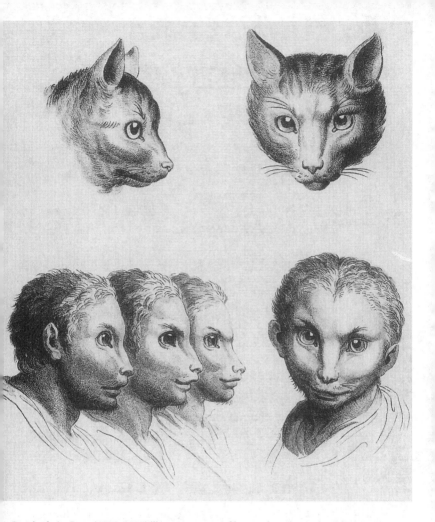

Dessin de Le Brun (1619-1690) illustrant une conférence du peintre, donnée en 1671 à l'Académie de peinture, sur « *les rapports de la physiognomonie des hommes avec celle des animaux* ».

À l'époque de La Fontaine, Le Brun, premier peintre de louis XIV, expose une théorie selon laquelle on peut déduire le caractère d'un homme des traits de son visage. En soulignant le rapprochement physique de l'homme et de l'animal, Le Brun cherche ici à mettre en évidence leur caractère commun. L'hypocrite, par exemple, ressemble à un chat.

Au fil du texte

AVEZ-VOUS BIEN LU ?

1. Qui sont les personnages ?

2. Où se déroule l'action ?

3. Cette histoire raconte :
- [ ] une vengeance.
- [ ] un long voyage.
- [ ] une dispute à propos d'un vol.

ÉTUDIER LE VOCABULAIRE ET LA GRAMMAIRE

4. Relevez les mots ou les expressions qui désignent le terrier du Lapin.

5. Que signifie l'expression « *dévot ermite* » (vers 32) ?

6. Expliquez la formation (préfixe★, radical★, suffixe★) du mot « *déloge* » (vers 14).

7. Relevez un mot ou un groupe de mots qui caractérise chacun des trois personnages. Donnez la nature et la fonction de ce mot ou de ce groupe de mots.

ÉTUDIER LE DIALOGUE ET L'ARGUMENTATION

8. Délimitez précisément le dialogue. À quelles marques le reconnaissez-vous ?

9. Quels sont les interlocuteurs★ qui s'expriment dans les dialogues ?

10. Quel est le premier argument de la Belette pour garder le terrier ?

préfixe : élément qui se trouve devant le radical d'un mot.

radical : élément qui contient le sens du mot. Tous les mots d'une même famille ont le même radical ; ex. : *bras*, *embrasser*, *brasse*.

suffixe : élément qui se trouve derrière le radical d'un mot.

interlocuteur : personne qui parle avec une autre personne.

11. Quel est l'argument principal du Lapin pour reprendre son terrier ?

12. Quel est, selon vous, l'argument le plus fort : celui de la Belette ou celui du Lapin ?

ÉTUDIER LE GENRE DE LA FABLE

13. Comment appelle-t-on les deux parties dont se compose une fable ? Dans cette fable, où se situent-elles ?

14. Relevez les caractéristiques humaines des animaux.

15. En vous aidant de la moralité, expliquez qui est représenté, pour La Fontaine, par le Lapin, la Belette et le Chat.

16. Quelle est la fonction du Chat ? À quel métier actuel peut-il renvoyer ?

ÉTUDIER L'ÉCRITURE

17. Pourquoi le mot « *Aurore* » (vers 6) prend-il une majuscule ?

18. Relevez une rime pauvre et une rime suffisante (voir définitions p. 136).

19. Relevez l'énumération* du vers 8. Pour quelle raison La Fontaine utilise-t-il ce procédé ?

énumération : **succession de termes qui forment une sorte de catalogue ou de liste.**

ÉTUDIER UN THÈME : LA CRITIQUE DE LA JUSTICE

20. Relevez les mots ou les expressions qui montrent l'hypocrisie du Chat.

21. Sur quel ton le Chat s'adresse-t-il à la Belette et au Lapin ?

Le Chat, la Belette et le petit Lapin,
gravure de Grandville, 1838.

22. Le Chat résout-il le conflit entre les deux animaux ? De quelle manière ?

23. Comparez cette fable aux _Animaux malades de la Peste_ (p. 121). Montrez que la loi du plus fort triomphe dans les deux fables.

À VOS PLUMES !

24. Donnez deux arguments en faveur du Lapin et deux arguments en faveur de la Belette.

25. Racontez, sous la forme d'un article de journal, la mort du Lapin et de la Belette.

26. Réécrivez le dialogue du Lapin et de la Belette dans un niveau de langue familier.

LIRE L'IMAGE

Voir document, p. 110.

27. Décrivez les objets du décor. Que nous apprennent-ils sur le caractère du Chat ?

28. Comment Grandville donne-t-il un caractère humain aux animaux de la fable ?

Le Rat qui s'est retiré du monde

Les Levantins[1] en leur légende
Disent qu'un certain Rat, las des soins[2] d'ici-bas[3],
    Dans un fromage de Hollande
    Se retira loin du tracas.
5   La solitude était profonde,
    S'étendant partout à la ronde.
Notre ermite[4] nouveau subsistait là-dedans.
    Il fit tant, de pieds et de dents[5],
Qu'en peu de jours il eut au fond de l'ermitage
10 Le vivre et le couvert[6] ; que faut-il davantage ?
Il devint gros et gras : Dieu prodigue[7] ses biens
    À ceux qui font vœu d'être siens.
    Un jour, au dévot[8] personnage
    Des députés du peuple Rat
15 S'en vinrent demander quelque aumône[9] légère :
    Ils allaient en terre étrangère
Chercher quelque secours contre le peuple Chat ;
    Ratopolis[10] était bloquée :
On les avait contraints de partir sans argent,
20   Attendu[11] l'état indigent[12]
    De la République attaquée.

notes

1. Levantins : habitants du Levant, c'est-à-dire de l'Orient.

2. soins : soucis.

3. ici-bas : par opposition au Ciel, royaume de Dieu, ici-bas renvoie à la vie terrestre.

4. ermite : homme solitaire, retiré dans un lieu désert pour prier et vivre religieusement.

5. de pieds et de dents : avec les pieds et avec les dents.

6. Le vivre et le couvert : le logement et la nourriture.

7. prodigue : offre avec générosité, en grande quantité.

8. dévot : homme charitable qui vit religieusement.

9. aumône : ce que l'on donne aux pauvres par charité.

10. Ratopolis : nom composé du mot « rat » et du mot grec « polis » qui signifie « ville ». Le terme signifie donc « ville des rats ».

11. Attendu : étant donné.

12. indigent : de pauvreté.

Ils demandaient fort peu, certains que le secours
    Serait prêt dans quatre ou cinq jours.
    « Mes amis, dit le Solitaire,
25 Les choses d'ici-bas ne me regardent plus :
    En quoi peut un pauvre Reclus[1]
    Vous assister ? que peut-il faire
Que de prier le Ciel qu'il vous aide en ceci !
J'espère qu'il aura de vous quelque souci[2]. »
30   Ayant parlé de cette sorte,
    Le nouveau Saint ferma sa porte.

    Qui désignai-je, à votre avis,
    Par ce Rat si peu secourable ?
    Un Moine ? Non, mais un Dervis[3] :
35 Je suppose qu'un Moine est toujours charitable.

VII, 3.

notes

1. Reclus : celui qui vit isolé, comme l'ermite.

2. qu'il aura de vous quelque souci : qu'il prendra soin de vous.

3. Dervis : équivalent d'un moine chez les musulmans.

Le Lion, le Loup et le Renard

Un Lion, décrépit[1], goutteux[2], n'en pouvant plus,
Voulait que l'on trouvât remède à la vieillesse.
Alléguer[3] l'impossible aux Rois, c'est un abus.
    Celui-ci parmi chaque espèce
5 Manda[4] des Médecins ; il en est de tous arts[5].
Médecins au Lion viennent de toutes parts ;
De tous côtés lui vient des donneurs de recettes.
    Dans les visites qui sont faites,
Le Renard se dispense[6] et se tient clos[7] et coi[8].
10 Le Loup en fait sa cour, daube[9], au coucher du Roi,
Son camarade absent. Le Prince tout à l'heure[10]
Veut qu'on aille enfumer Renard dans sa demeure,
Qu'on le fasse venir. Il vient, est présenté ;
Et sachant que le Loup lui faisait cette affaire :
15 « Je crains, Sire, dit-il, qu'un rapport peu sincère
    Ne m'ait à mépris imputé[11]
    D'avoir différé[12] cet hommage ;
    Mais j'étais en pèlerinage
Et m'acquittais d'un vœu fait pour votre santé.
20   Même j'ai vu dans mon voyage
Gens experts et savants, leur ai dit la langueur[13]

---

notes

1. décrépit : affaibli par la vieillesse, diminué physiquement par l'âge.

2. goutteux : atteint de la maladie douloureuse des articulations, la goutte.

3. Alléguer : mettre en avant. « *Alléguer l'impossible* » signifie « souligner que la chose est impossible ».

4. Manda : fit venir.

5. de tous arts : qui ont des méthodes très variées.

6. se dispense : s'autorise à ne pas venir.

7. clos : enfermé dans sa demeure.

8. coi : silencieux.

9. daube : dit du mal à propos

de « *Son camarade absent* ».

10. tout à l'heure : immédiatement.

11. à mépris imputé : accusé d'être méprisant.

12. différé : remis à plus tard.

13. langueur : faiblesse due à la maladie ou à la vieillesse.

Dont Votre Majesté craint, à bon droit, la suite.
    Vous ne manquez que de chaleur ;
    Le long âge en vous l'a détruite.
25 D'un Loup écorché vif appliquez-vous la peau
    Toute chaude et toute fumante ;
    Le secret[1] sans doute[2] en est beau
    Pour la nature défaillante[3],
    Messire Loup vous servira,
30   S'il vous plaît, de robe de chambre. »
    Le Roi goûte[4] cet avis-là :
    On écorche, on taille, on démembre
    Messire Loup. Le Monarque en soupa,
    Et de sa peau s'enveloppa.

35 Messieurs les courtisans, cessez de vous détruire ;
    Faites, si vous pouvez, votre cour sans vous nuire.
    Le mal se rend chez vous au quadruple du bien.
    Les daubeurs[5] ont leur tour d'une ou d'autre manière[6] :
        Vous êtes dans une carrière
40   Où l'on ne se pardonne rien.

                                                    VIII, 3.

---

notes

1. secret : moyen (remède) connu d'une seule personne.

2. sans doute : sans aucun doute.

3. défaillante : qui s'affaiblit.

4. goûte : approuve.

5. daubeurs : ceux qui disent du mal d'autrui.

6. d'une ou d'autre manière : d'une manière ou d'une autre.

Les agréables divertissements de la cour.
Au XVIIe siècle, Louis XIV impose de nouveaux comportements à la noblesse. Tenus éloignés de la guerre et de l'héroïsme militaire, les grands seigneurs doivent vivre à la cour du roi et trouver de nouvelles occupations.

Au fil du texte

AVEZ-VOUS BIEN LU ?

1. Qui sont les personnages principaux ?

2. Qui sont les deux personnages qui cherchent à se nuire l'un à l'autre ?

3. Où se déroule l'action de la fable ?

4. Résumez l'action en une phrase.

ÉTUDIER LE VOCABULAIRE

5. Que signifie l'expression « *enfumer Renard dans sa demeure* » (vers 12).

6. Relevez le champ lexical★ de la vieillesse.

7. Expliquez la formation du mot « *démembre* » (vers 32).

ÉTUDIER LE RÉCIT

8. Quelle est la situation initiale★ ?

9. Repérez l'élément perturbateur★. À quel temps le reconnaissez-vous ?

10. En quoi consiste la critique du Loup à l'égard du Renard ?

11. En quoi consiste la ruse du Renard ?

12. Comment se termine le récit ? En quoi cette fin est-elle à la fois amusante et cruelle ?

---

champ lexical : ensemble de mots renvoyant à une même idée, une même notion, un même thème.

situation initiale : début de l'histoire où les personnages, le lieu, l'époque sont présentés. La situation initiale est toujours stable. L'action du récit ne commencera qu'avec l'élément perturbateur.

élément perturbateur : action ou événement qui marque une rupture et qui permet de faire démarrer le récit.

ÉTUDIER LE GENRE DE LA FABLE

13. En quoi ces personnages sont-ils des personnages de fable ?

14. Le Lion, le Loup et le Renard sont des personnages traditionnels de la fable. Quelles sont les caractéristiques de ces personnages que l'on retrouve dans d'autres fables. Citez une fable en exemple pour chacun des personnages.

15. Où se situe la moralité ?

16. À qui s'adresse la moralité ?

ÉTUDIER L'ÉCRITURE

17. Repérez deux types de vers (voir définition p. 136) différents utilisés par La Fontaine. Justifiez votre réponse.

18. Comment les rimes de la moralité sont-elles disposées ?

ÉTUDIER UN THÈME :
LA CRITIQUE DE LA SOCIÉTÉ

19. Relevez les expressions qui montrent que La Fontaine se moque des médecins.

20. À qui s'adresse la critique de La Fontaine dans la moralité ? Résumez cette critique.

21. Quels sont les traits de caractère du Roi ?

22. À qui aujourd'hui pourrait s'adresser la critique de La Fontaine dans sa moralité ?

À VOS PLUMES !

23. Formulez deux autres moralités possibles.

24. Faites un portrait du Roi de la fable en quatre alexandrins (voir définition p. 136).

LIRE L'IMAGE

Voir document, p. 120.

25. Montrez que l'image transpose la fable dans un monde oriental.

26. Comment les animaux sont-ils disposés dans cette image ? Pourquoi ?

Le Lion, le Loup et le Renard,
illustration orientale (Perse).

Les Animaux malades de la Peste

Un mal qui répand la terreur,
    Mal que le Ciel en sa fureur
Inventa pour punir les crimes de la terre,
La Peste (puisqu'il faut l'appeler par son nom),
5 Capable d'enrichir en un jour l'Achéron[1],
    Faisait aux animaux la guerre.
Ils ne mouraient pas tous, mais tous étaient frappés ;
    On n'en voyait point d'occupés
À chercher le soutien d'une mourante vie ;
10   Nul mets[2] n'excitait leur envie,
    Ni Loups ni Renards n'épiaient
    La douce et l'innocente proie ;
    Les Tourterelles se fuyaient :
    Plus d'amour, partant[3] plus de joie.
15 Le Lion tint conseil, et dit : « Mes chers amis,
    Je crois que le Ciel a permis
    Pour nos péchés cette infortune.
    Que le plus coupable de nous
Se sacrifie aux traits[4] du céleste courroux[5] ;
20 Peut-être il obtiendra la guérison commune.
L'histoire nous apprend qu'en de tels accidents[6]
    On fait de pareils dévouements[7].
Ne nous flattons donc point ; voyons sans indulgence
    L'état de notre conscience.

notes

1. Achéron : dans la mythologie grecque, fleuve qui entoure les enfers.

2. mets : aliment.

3. partant : par conséquent.

4. traits : signes frappants, remarquables.

5. courroux : colère.

6. accidents : coups du sort, malheurs qui s'abattent sur une communauté.

7. de pareils dévouements : de semblables sacrifices.

25   Pour moi, satisfaisant mes appétits gloutons,
      J'ai dévoré force[1] moutons.
      Que m'avaient-ils fait ? Nulle offense ;
  Même il m'est arrivé quelquefois de manger
        Le Berger.
30   Je me dévouerai donc, s'il le faut : mais je pense
  Qu'il est bon que chacun s'accuse ainsi que moi :
  Car on doit souhaiter, selon toute justice,
      Que le plus coupable périsse.
  — Sire, dit le Renard, vous êtes trop bon Roi ;
35   Vos scrupules font voir trop de délicatesse.
  Eh bien ! manger moutons, canaille, sotte espèce,
  Est-ce un péché ? Non, non. Vous leur fîtes, Seigneur,
      En les croquant, beaucoup d'honneur ;
      Et quant au Berger, l'on peut dire
40   Qu'il était digne de tous maux,
  Étant de ces gens-là qui sur les animaux
      Se font un chimérique empire[2]. »
  Ainsi dit le Renard ; et flatteurs d'applaudir.
      On n'osa trop approfondir
45   Du Tigre, ni de l'Ours, ni des autres puissances,
      Les moins pardonnables offenses[3].
  Tous les gens querelleurs, jusqu'aux simples Mâtins[4],
  Au dire de chacun, étaient de petits saints.
  L'Âne vint à son tour, et dit : « J'ai souvenance[5]
50   Qu'en un pré de moines passant,
  La faim, l'occasion, l'herbe tendre, et, je pense,
      Quelque diable aussi me poussant,

notes

1. **force :** de nombreux.

2. **chimérique empire :** cette expression renvoie au pouvoir (empire) purement imaginaire et illusoire (chimérique) que l'homme pense exercer sur les animaux.

3. **offenses :** péchés.

4. **Mâtins :** gros chiens de garde.

5. **J'ai souvenance :** je me souviens.

Je tondis de ce pré la largeur de ma langue.
Je n'en avais nul droit, puisqu'il faut parler net. »
55 À ces mots on cria haro[1] sur le Baudet.
Un Loup, quelque peu clerc[2], prouva par sa harangue[3]
Qu'il fallait dévouer[4] ce maudit Animal,
Ce pelé, ce galeux, d'où venait tout leur mal.
Sa peccadille[5] fut jugée un cas pendable[6].
60 Manger l'herbe d'autrui ! quel crime abominable !
        Rien que la mort n'était capable
D'expier son forfait[7] : on le lui fit bien voir.

Selon que vous serez puissant ou misérable,
Les jugements de Cour vous rendront blanc ou noir.

VII, 1.

notes

1. haro : cri que l'on pousse
pour inciter à la violence
contre un criminel.

2. clerc : instruit, beau parleur.

3. harangue : discours.

4. dévouer : sacrifier.

5. peccadille : faute légère.

6. pendable : qui mérite la
pendaison.

7. D'expier son forfait :
d'effacer son crime.

Retour sur l'œuvre

**QUESTIONS SUR LE GROUPEMENT
« LE LOUP GLOUTON »** (pp. 7 à 24)

1. Cochez les trois traits de caractère du Loup.

☐ la paresse.   ☐ la gloutonnerie.   ☐ la ruse.
☐ la bêtise.   ☐ la lâcheté.   ☐ la férocité.

2. Classez les personnages suivants en trois
groupes : l'Agneau – les Brebis – le Chevreau –
la Cigogne – le Loup.

Les forts : ....

Les rusés : ....

Les naïfs ou les stupides : ....

3. Complétez le tableau suivant.

Titres des fables	Projets du Loup	Adversaires du Loup	Réussite ou échec du Loup
Le Loup et l'Agneau			
Le Loup devenu Berger			
Les Loups et les Brebis			
Le Loup, la Chèvre et le Chevreau			
Le Loup et la Cigogne			
Le Loup et les Bergers			

4. Retrouvez le titre de chaque fable à partir
des résumés suivants.

a) Le Loup peut faire preuve d'indulgence.

b) Le Loup dévore un innocent.

c) Le Loup échoue à cause de sa propre bêtise.

d) On ne peut pas faire confiance au Loup.

e) Le Loup trouve les hommes hypocrites.

f) Le Loup rencontre plus rusé que lui.

5. Cherchez, dans les autres groupements, une fable
où l'on retrouve le personnage du Loup. Présente-t-
il les mêmes caractéristiques ?

QUESTIONS SUR LE GROUPEMENT « LE VOYAGE ET SES PÉRILS » (pp. 25 à 46)

6. Cochez la phrase qui résume le mieux ce que
La Fontaine pense des voyages.

a) ☐ Les voyages forment la jeunesse.

b) ☐ Les voyages sont dangereux et inutiles.

c) ☐ Les voyages permettent de découvrir de nouvelles
coutumes.

d) ☐ Les voyages sont une source de plaisir.

e) ☐ Les voyages sont une source d'aventures.

7. Reliez les voyageurs aux périls qu'ils
rencontrent.

Le Berger •   • Un Chat

Le Souriceau •   • Une Rivière

Le Rat •   • Un Vautour

Le Voyageur •   • Le bavardage et l'orgueil

La Tortue •   • Une Huître

Le Pigeon •   • Un naufrage

8. Retrouvez, grâce aux définitions, les traits
de caractère des voyageurs selon La Fontaine.

Horizontalement : *A.* Prise de risque inutile. *B.* Caractère d'un homme qui s'imagine supérieur à ce qu'il est. *C.* Antonyme d'intelligence. *D.* Désir de tout connaître.
Verticalement : *1.* Absence d'expérience et de connaissance. *2.* Volonté de réussir. *3.* Synonyme de lassitude.

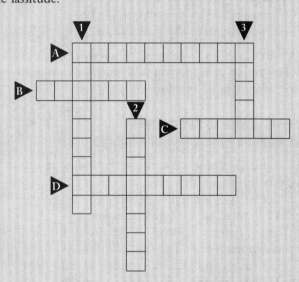

9. Dites, à chaque fois, si la phrase est vraie ou fausse.

	VRAI	FAUX
a) Le Pigeon quitte son épouse pour faire un voyage.	☐	☐
b) Le Berger perd toute sa fortune dans un naufrage.	☐	☐
c) La Tortue voyage sur le bateau d'Ulysse.	☐	☐
d) Le Souriceau trouve le Chat doux et sympathique.	☐	☐
e) Le voyageur se fait tuer par des voleurs.	☐	☐
f) Le Rat est victime d'une Huître.	☐	☐

10. Reliez chaque animal à l'animal qu'il veut imiter.

La Grenouille •   • Le Lion
L'Âne •   • L'Aigle
Le Corbeau •   • Le petit Chien
L'Âne •   • Le Bœuf

11. Mettez en évidence les retournements
de situation en remplissant le tableau suivant.

Titres des fables	Projets des personnages	Châtiments des personnages
La Grenouille qui se veut faire aussi grosse que le Bœuf		
Le Corbeau voulant imiter l'Aigle		
L'Âne vêtu de la peau du Lion		
L'Âne et le petit Chien		
La Laitière et le Pot au lait		

12. Complétez le résumé du *Corbeau voulant imiter l'Aigle*.

Un jour, un Corbeau vit l'............ de Jupiter qui enlevait un Mouton. Il voulut l'imiter.
Le Corbeau tourne autour d'un .... Il repère le Mouton le plus .... Il s'abat sur lui, mais ses

.... s'empêtrent dans la .... du Mouton.
Le Corbeau ne put faire .... Le ....
encage le pauvre animal et le donne à ses ....
pour servir d'............ .

13. Cochez parmi les actions suivantes, celles qui
renvoient à un comique de farce.
a) ☐ Le Berger met le Corbeau en cage.
b) ☐ L'Âne donne un coup de sabot à son maître.
c) ☐ La Laitière part à la ville vendre son lait.
d) ☐ On frappe l'Âne avec un bâton.
e) ☐ Le Corbeau reste accroché dans la laine du Mouton.

QUESTIONS SUR LE GROUPEMENT « L'HOMME ET L'ANIMAL » (pp. 62 à 83)

14. Reliez les animaux suivants aux défauts
humains qu'ils symbolisent.

La Cigale •   • Le dédain
La Fourmi •   • L'insouciance
Le Héron •   • La lâcheté
Les Lièvres •   • L'avarice

15. Classez les personnages suivants dans la bonne
catégorie :
Le Lion – les Grenouilles – le Soliveau – l'Éléphant –
la Grue – le Renard.
a) Personnages représentant le Roi : ....
....
b) Personnages représentant les sujets du Roi ou le peuple :
....
....

16. Dites, à chaque fois, si la phrase est vraie ou fausse.

	VRAI	FAUX
a) Le Serpent dénonce l'injustice des hommes.	☐	☐
b) Les Ânes et les Lièvres sont inutiles en temps de guerre.	☐	☐
c) Le Héron dévore tout ce qui se présente à lui.	☐	☐
d) Les Rats et les Belettes demandent un Roi à Jupiter.	☐	☐
e) La Cigale n'est pas prévoyante.	☐	☐
f) Les Grenouilles en ont assez de la démocratie.	☐	☐

17. Retrouvez l'ordre des phrases pour résumer *L'Homme et la Couleuvre*.

a) Malgré tous les reproches qui lui sont adressés par les êtres de la nature, l'Homme décide de tuer le Serpent.

b) Le Serpent accuse l'Homme d'être un ingrat et d'être injuste envers lui.

c) Le Bœuf accuse l'Homme d'injustice : il travaille pour lui toute sa vie, puis, devenu vieux, il est sacrifié aux dieux.

d) Un Homme rencontre un Serpent et décide de le tuer.

e) La Vache accuse l'Homme de se servir d'elle toute sa vie pour se nourrir, puis de l'abandonner dans un coin sans herbe.

f) L'Homme décide de demander aux êtres de la nature quel jugement ils portent sur lui.

g) L'Arbre, qui nourrit l'Homme, lui procure de l'ombre et le protège de la pluie, se plaint d'être abattu pour seul salaire.

QUESTIONS SUR LE GROUPEMENT
« TROMPEURS ET TROMPÉS » (pp. 84 à 101)

18. Classez les animaux suivants dans la bonne catégorie.

Le Corbeau – le Renard – le Coq – le Bouc – la Belette – la Chauve-Souris – le Rat – la Grenouille – l'Aigle – la Laie – la Chatte.

a) Trompeurs : ....

....

b) Trompés : ....

....

19. Complétez le tableau suivant pour les six fables du groupement.

Titres des fables	Animaux rusés	Ruses inventées	Victimes	Réussite ou échec de la ruse

20. Relisez toutes les fables du livre où le Renard apparaît et dites dans quelle(s) fable(s) le Renard manifeste les défauts suivants.
Gourmand – hypocrite – peureux – flatteur – menteur – moqueur – cruel.

QUESTIONS SUR LE GROUPEMENT « LA SATIRE » (pp. 102 à 123)

21. Reliez chaque fable aux personnages qu'elle critique dans la société. Plusieurs réponses sont parfois possibles.

L'Enfant et le Maître d'école •   • les rois

Les Médecins •   • les courtisans

Le Chat, la Belette et le petit Lapin •   • les moines

Le Rat qui s'est retiré du monde •   • les maîtres d'école pédants

Le Lion, le Loup et le Renard •   • les juges

Les Animaux malades de la Peste •   • les médecins

22. Retrouvez les noms de lieux ou d'animaux en répondant aux charades suivantes.

a) Mon premier donne la fièvre. Mon deuxième se trouve sous la terre. Mon troisième désaltère. Mon tout est le nom d'un Chat hypocrite.

....

b) Mon premier peut être beau ou pluvieux. Le veau tête grâce à mon second. Mon tout est le nom d'un Médecin pessimiste.

....

c) Mon premier est un instrument de jardinage. Perrette porte mon deuxième sur la tête. Mon troisième est l'antonyme de rugueux. Mon tout est la ville des Rats.

....

23. Cochez la bonne réponse pour chaque proposition.

a) Avant de sauver l'écolier, le Maître :
☐ va donner un cours de latin.
☐ fait un discours à l'Enfant.
☐ appelle à l'aide.

b) Grippeminaud met la Belette et le Lapin d'accord :
☐ en les croquant l'un et l'autre.
☐ en confisquant le terrier.
☐ en partageant en deux le logis du Lapin.

c) Le Rat ermite répond aux députés du peuple Rat :
☐ qu'il peut abriter les Rats dans son fromage.
☐ qu'il priera pour eux.
☐ qu'il leur fournira de quoi manger.

d) Le Renard propose comme remède au Roi :
☐ de se faire un manteau avec la peau du Loup.
☐ de boire une potion secrète.
☐ de prier le Ciel.

e) Pour sauver les Animaux de la Peste, le Lion propose :
☐ de tuer tous les Loups.
☐ de sacrifier l'animal le plus coupable.
☐ de se sacrifier lui-même.

Dossier
Bibliocollège

Schéma narratif d'une fable : Le Renard et le Bouc (p. 91)

LA SITUATION INITIALE (vers 1 à 4)

La situation initiale, écrite à l'imparfait, présente une situation stable : deux animaux, le Renard et le Bouc, marchent ensemble. Elle ne précise ni le lieu, ni l'époque de l'action, mais décrit physiquement (vers 2) et moralement (vers 3 et 4) les deux personnages.

L'ÉLÉMENT PERTURBATEUR (vers 5)

Le passage de l'imparfait au passé simple (« *obligea* ») permet de repérer l'élément perturbateur qui déséquilibre la situation initiale : il s'agit de la « *soif* » qui pousse les deux compères à interrompre leur marche pour « *descendre dans un puits* ».

LA PREMIÈRE ÉTAPE (vers 6)

La première étape, extrêmement rapide, est la conséquence logique de l'élément perturbateur : les deux animaux qui avaient soif « *se désaltèrent* ».

LA DEUXIÈME ÉTAPE (vers 7 à 20)

La deuxième étape, liée chronologiquement (vers 7) à la première, est aussi liée logiquement à l'élément perturbateur : en effet, *« descendre dans un puits »* entraîne le danger de ne pouvoir en ressortir. Cette étape rapporte donc la ruse du Renard pour tromper le Bouc et sortir du puits (obstacle).

LA SITUATION FINALE (vers 21 à 30)

La situation finale est introduite par l'élément équilibrant : *« Le Renard sort du puits »*. L'obstacle a donc été franchi, mais par un personnage seulement ! La situation est de nouveau stable, le sort des personnages principaux est réglé : le Renard peut continuer sa route et le Bouc rester au fond du puits.

LA MORALITÉ (vers 31)

La moralité est détachée du récit par un blanc. On peut la reconnaître au verbe d'obligation *« il faut »* et au présent de vérité générale. Il s'agit d'une leçon de morale qui insiste sur la nécessité d'être prévoyant en toute occasion.

Petit traité de versification*

RECONNAÎTRE DIFFÉRENTS TYPES DE VERS*

Selon son nombre de syllabes, le vers a un nom différent.
La Fontaine utilise essentiellement trois types de vers :
– **l'alexandrin** : vers de douze syllabes, considéré
comme noble, majestueux ;
– **le décasyllabe** : vers de dix syllabes ;
– **l'octosyllabe** : vers de huit syllabes.
Le poète mélange souvent ces vers pour créer des effets
de rythme (progression ou suspense) : il utilise alors des
octosyllabes, puis des alexandrins.
Il change aussi de vers selon le personnage ou la
situation : l'alexandrin servira à décrire les puissants
(rois, dieux), le décasyllabe ou l'octosyllabe des
personnages plus familiers.

RECONNAÎTRE DIFFÉRENTS TYPES DE RIMES*

• La qualité des rimes

Lorsque deux mots riment, le nombre de sons qu'ils ont
en commun définit la qualité de la rime.
Les exemples suivants sont extraits du *Rat qui s'est retiré
du monde* (p. 112) :
– **rime pauvre** : les mots qui riment n'ont qu'un son
commun (ici-b-**as**/trac-**as**, vers 2 et 4) ;
– **rime suffisante** : les mots qui riment ont deux sons
communs (prof-**on-de**/r-**on-de**, vers 5-6) ;
– **rime riche** : les mots qui riment ont trois sons communs
ou davantage (ermi-**t-a-ge**/davan-**t-a-ge**, vers 9-10).

Vocabulaire

versification :
ensemble
des règles qui
permettent
de composer
des vers.

vers :
suite de mots
qui commence
par une
majuscule
et se caractérise
par un nombre
de syllabes
précis, par la
rime et par le
retour à la ligne.

rime :
répétition
d'un même son
à la fin de deux
ou de plusieurs
vers.

• La disposition des rimes

Selon leur disposition, les rimes ont un nom différent :
– **rimes plates** ou **suivies** : deux rimes différentes, **a** et **b**, se suivent (**aabb**) ;
– **rimes croisées** : deux rimes différentes, **a** et **b**, se croisent (**abab**) ;
– **rimes embrassées** : une rime **a** encadre ou embrasse une rime **b** (**abba**).

RECONNAÎTRE DIFFÉRENTS TYPES DE STROPHES*

La Fontaine utilise deux types de strophes :
– **le distique** : strophe de deux vers ;
– **le quatrain** : strophe de quatre vers.
Elles servent à séparer la moralité du récit :

Vocabulaire

strophe : ensemble de vers liés par la rime et séparé des vers suivants par un blanc.

Il était une fois
La Fontaine

Dès le XVIIe siècle, la vie de La Fontaine a pris la forme d'une légende. L'auteur des *Fables* ne pouvait être qu'un rêveur distrait, un homme paresseux fuyant la société. Ce ne sont là que demi-vérités. Issu d'une famille de la bourgeoisie de Château-Thierry, le fabuliste va tardivement faire carrière, non sans connaître soucis financiers et revers de fortune.

LA RECHERCHE D'UNE VOCATION (1621-1653)

Né en 1621, La Fontaine est le fils d'un Maître des eaux et forêts. Après avoir été tenté brièvement par une carrière religieuse, puis par des études de droit, il prendra la suite de son père.

Maître des eaux et forêts est une charge difficile. La Fontaine inspecte à pied ou à cheval les domaines placés sous sa juridiction. Il fait appliquer les règlements de la pêche et préside le tribunal qui punit les paysans en infraction. Les *Fables* témoigneront de ce plaisir éprouvé par le poète pendant les longues randonnées dans les bois champenois.

LA FONTAINE ET LE POT AU LAIT (1654-1663)

Grand lecteur, La Fontaine a également un talent certain de poète. Poussé par ses amis et par les dettes que lui laisse la mort de son père, il décide de se lancer dans une carrière littéraire.

Mais, au XVIIe siècle, un écrivain ne gagne pas sa vie par la vente de ses livres, il doit trouver un protecteur puissant qui lui assure une pension*. La Fontaine devient le protégé du richissime ministre des finances Fouquet. Il est reçu dans le château luxueux de Vaux-le-Vicomte et peut rêver de fortune et de gloire.

En 1661, cependant, survient la catastrophe : le surintendant Fouquet est arrêté sur ordre du jeune roi Louis XIV. Privé de protecteur, La Fontaine connaît alors la disgrâce. Comme Perrette, l'écrivain voit ses rêves détruits : adieu Vaux-le-Vicomte, tranquillité, sécurité... En vain, La Fontaine essaiera de défendre son ami et protecteur en écrivant l'*Élégie aux nymphes de Vaux* (1662) et l'*Ode au Roi* (1663). Il connaîtra lui-même l'exil à Limoges, n'ayant plus les moyens de faire face à ses frais.

LA BONNE FORTUNE DE LA FONTAINE (1664-1692)

La Fontaine fréquente alors des salons* où il rencontre des écrivains comme La Rochefoucauld* ou Perrault*. Il trouve enfin de nouvelles protectrices : la duchesse d'Orléans, puis Madame de la Sablière. Commence la période la plus prospère pour l'écrivain qui connaît un succès rapide grâce à ses *Contes et Nouvelles en vers* (1665). En 1668, son premier recueil de *Fables* lui assure la gloire. La vie de La Fontaine, allégée des soucis matériels, est alors fort libre. Le poète se consacre à l'amour et à la poésie : il publie en 1669 un roman mythologique*, en 1674 de *Nouveaux Contes* (interdits à la vente, parce qu'ils sont jugés immoraux) et un deuxième recueil de *Fables* (1678-1679). En 1684, le roi donne son autorisation pour qu'il entre à l'Académie française*.

À retenir

La Rochefoucauld (1613-1680) : célèbre auteur des *Maximes*, ouvrage de pensées brèves, philosophiques et morales.

Perrault (1628-1703) : illustre écrivain des *Contes* qui, pendant longtemps, fut au service du roi Louis XIV.

roman mythologique : roman dont les personnages (héros, dieux) sont empruntés à la mythologie grecque ou latine.

Académie française : assemblée d'écrivains, fondée en 1634 par Richelieu, qui est chargée par l'État d'élaborer les règles de la grammaire, d'entreprendre un dictionnaire de la langue française et de mener une politique culturelle officielle.

À retenir

Œuvres principales de La Fontaine

1662 *Élégie aux nymphes de Vaux.*

1663 *Ode au Roi.*

1665 *Contes et Nouvelles en vers.*

1668 Premier recueil des *Fables.*

1669 *Amours de Psyché et de Cupidon,* roman mythologique.

1674 *Nouveaux Contes.*

1678-1679 Deuxième recueil des *Fables.*

1693 Troisième recueil des *Fables.*

LA FONTAINE SE RETIRE DU MONDE (1692-1695)

En 1692, La Fontaine tombe gravement malade. Cet événement est, pour le poète, une sorte d'avertissement du Ciel. Il se repent alors, devant l'Académie, d'avoir écrit ses *Contes*. Il publie un dernier recueil de *Fables* (1693) et vit très religieusement, retiré à Paris chez ses amis d'Hervart, jusqu'à sa mort en 1695.

Être écrivain au XVIIe siècle

LA MONARCHIE ABSOLUE ET LES ÉCRIVAINS

La Fontaine a vécu sous Louis XIII (1610-1643), puis sous la régence d'Anne d'Autriche (1644-1660), mais il a écrit ses *Fables* pendant la monarchie absolue* du Roi-Soleil, Louis XIV (1661-1715).

• Le Roi-Soleil

Louis XIV, qui a connu les troubles de la Fronde*, impose dès son arrivée au pouvoir une monarchie forte où le roi règne en maître absolu. Les grands seigneurs qui s'étaient révoltés contre le pouvoir royal se voient transformés en courtisans du roi. Ils sont tenus de vivre à la cour, de partager les chasses, les fêtes, les voyages du souverain. En 1682, le roi et sa cour quittent le Louvre pour s'installer définitivement à Versailles où sont données des fêtes somptueuses en l'honneur du monarque.

Le règne de Louis XIV est caractérisé par une politique économique ambitieuse, menée par Colbert*, une puissance politique et militaire accrue de la France face à l'Europe et un épanouissement des arts et de la culture. La fin de ce règne est cependant moins brillante : le souverain ruine le pays par des guerres longues et coûteuses comme la guerre de Hollande (1672-1679) ou la guerre de la ligue d'Augsbourg (1688-1697).

À retenir

monarchie absolue : doctrine selon laquelle le souverain tient son pouvoir de Dieu lui-même et gouverne sans rendre de comptes à personne.

la Fronde (1649-1653) : révolte des parlementaires et des Princes contre le pouvoir royal, réprimée par Mazarin pendant l'enfance du futur Louis XIV.

Colbert (1619-1683) : ministre d'État du roi Louis XIV.

Être écrivain au XVIIᵉ siècle

• La condition de l'écrivain

Face à un pouvoir très soucieux de son image, les artistes, peintres et écrivains, ont la lourde responsabilité de glorifier le roi à travers leurs œuvres.

Ne pas assumer cette responsabilité revient pour un artiste à se condamner au silence ou à la misère. Le pouvoir royal, en effet, distribue les pensions, les subventions et les honneurs et contrôle l'Académie française*. Il délivre, en outre, l'autorisation d'imprimer les ouvrages, ce qui lui permet d'exercer une censure* sur les œuvres qui ne trouvent pas grâce à ses yeux.

• La Fontaine et Louis XIV

L'écrivain et le monarque n'ont jamais entretenu de bons rapports. L'histoire a certes mal commencé : le premier protecteur de La Fontaine, le surintendant des Finances Fouquet, sera jeté en prison dès l'arrivée au pouvoir du jeune roi. La Fontaine partagera la disgrâce de son protecteur. Malgré des efforts pour se rapprocher du souverain, La Fontaine ne sera jamais, à l'inverse de Boileau ou Racine, écrivain officiel du pouvoir. D'ailleurs, lorsque l'écrivain est reçu à l'Académie française en 1684, c'est après une longue attente, imposée par le roi lui-même qui souhaitait que Boileau soit reçu avant lui.

LES FABLES : UN PANORAMA DE LA SOCIÉTÉ DU XVIIᵉ SIÈCLE

La légende dit que La Fontaine ne se souciait pas de la société de son temps, que c'était un rêveur... Il n'en est rien. En effet, les *Fables* brossent un tableau complet de cette société inégalitaire*.

À retenir

Académie française : assemblée d'écrivains, fondée par Richelieu en 1634, qui est chargée par l'État d'élaborer les règles de la grammaire, d'entreprendre un dictionnaire de la langue française et de mener une politique culturelle officielle.

censure : interdiction de publier une œuvre.

la société inégalitaire du XVIIᵉ siècle : elle est fondée sur trois ordres ou catégories sociales, la noblesse et le clergé qui sont les deux ordres privilégiés et l'immense masse de la population qui constitue le tiers état.

• Le roi et la noblesse

Dans les fables, le roi est très présent, le plus souvent sous les traits du Lion, mais aussi sous sa forme humaine. En fait, lorsque le souverain apparaît, c'est pour être critiqué. La Fontaine dénonce sa lâcheté et son injustice dans *Les Animaux malades de la Peste,* sa bêtise et sa cruauté dans *Le Lion, le Loup et le Renard*. Autour du roi, les courtisans sont décrits comme des flatteurs (VII, 1 et VIII, 3), n'ayant pour ambitions que de plaire au roi et de se détruire les uns, les autres (VIII, 3).

• Le clergé*

Le clergé est également critiqué dans les *Fables*. Ainsi, le personnage principal du *Rat qui s'est retiré du monde* apparaît comme un moine bon vivant et hypocrite qui refuse son aide à la population.

• Le tiers état

Le tiers état représente une catégorie très vaste et regroupe des hommes de conditions et de fortunes très différentes : de riches marchands, des juges, des médecins, des maîtres d'école, des artisans et des ouvriers, mais aussi, à la campagne, tous les bergers et les paysans qui vivent souvent dans une extrême pauvreté. Tous apparaissent dans les *Fables* et nul n'est épargné : les juges sont des hypocrites qui ne se soucient pas de la justice (VII, 16), les médecins des charlatans (V, 12), les maîtres d'école des bavards prétentieux (I, 19), les paysans des ambitieux qui rêvent de fortune (VII, 10).

À retenir

clergé : ensemble des religieux appartenant à l'Église (évêques, curés, abbés, moines, religieux).

Portrait de Jean de La Fontaine,
frontispice des *Fables*.

Le genre de la fable

PETITE HISTOIRE DU GENRE DE LA FABLE

Comme la légende ou le mythe, la fable, d'abord orale, puis écrite, remonte à la plus haute Antiquité.

• La fable dans l'Antiquité

Dans l'Antiquité grecque, le fabuliste le plus connu s'appelle Ésope. Il est considéré comme l'inventeur du genre de la fable. Ses fables se caractérisent par des récits très brefs (on parle de sécheresse ésopique) et par l'importance accordée à la moralité.

Dans l'Antiquité latine, le poète Phèdre donne à la fable une forme poétique.

En Orient, le plus ancien recueil de fables, le *Pantchatantra*, écrit à l'origine en sanskrit, a été adapté en arabe sous le titre *Le Livre de Kalila et Dimna* au VIIIe siècle. Plusieurs versions de ce recueil existent et sont attribuées soit au légendaire Lokman, soit au sage indien Bidpaï.

• La fable au Moyen Âge

Même si au Moyen Âge on crée peu de nouvelles fables, le genre connaît un succès considérable. Il est utilisé pour instruire les élèves dans les écoles et les croyants dans les églises.

Au XIIe siècle, les fables, qui auparavant étaient réservées aux gens instruits (elles étaient écrites en latin), sont traduites en langue vulgaire par Marie de France. On appelle alors ces fables les « Ysopets » en référence à l'inventeur du genre, Ésope.

> **À retenir**
>
> **Les trois plus célèbres fabulistes de l'Antiquité :** Ésope (VIIe-VIe siècle avant J.-C.), Phèdre (15 avant J.-C., 50 après J.-C.) et Bidpaï (IIe siècle avant J.-C.).

Le genre de la fable

• La fable à la Renaissance

La Renaissance est une période qui cherche à renouer avec l'Antiquité grecque et latine. Ce mouvement profite largement aux fables d'Ésope et de Phèdre qui sont restituées dans leur langue d'origine, mais aussi diffusées à l'échelle de l'Europe. Désormais, les fables s'accompagnent également de commentaires et d'illustrations.

• La fable au XVIIᵉ siècle

Plusieurs écrivains comme Fénelon ou Perrault se sont essayés aux fables durant cette période, mais La Fontaine s'est largement imposé comme le maître du genre.

La Fontaine a certes renoué avec la tradition en puisant ses histoires et ses personnages aux sources les plus illustres de l'Antiquité (Ésope, Phèdre, Bidpaï), mais il a surtout profondément renouvelé le genre. Avec lui, la morale va progressivement perdre son importance pour laisser toute la place à des récits de plus en plus travaillés, de plus en plus poétiques. Certaines de ses fables deviennent de véritables critiques de la société, d'autres sont de superbes poèmes où l'on peut lire les confessions intimes d'un auteur.

• La fable après La Fontaine

Jamais, jusqu'à nos jours, on n'a surpassé les *Fables* de La Fontaine. Au XVIIIᵉ siècle et au XIXᵉ siècle, nombre d'écrivains s'essayent encore à la fable, mais leurs tentatives sont aujourd'hui peu connues ou oubliées. Le XXᵉ siècle connaît la disparition du genre. Les écrivains comme Raymond Queneau ou Françoise Sagan, le chanteur Pierre Perret se contentent de rendre hommage à La Fontaine en parodiant* les fables du grand fabuliste (voir pp. 151 à 154).

À retenir

parodie : imitation d'un texte sous une forme humoristique.

récit pur : texte qui raconte des actions accomplies par les personnages. Le récit se caractérise par le passé simple ou le présent de narration, l'usage de la troisième personne, les phrases déclaratives.

description : texte qui donne à voir au lecteur des objets, des personnages, des lieux. La description se caractérise par l'imparfait.

DÉFINITION DU GENRE DE LA FABLE

• Une composition en deux parties

Une fable se compose toujours de deux parties : un récit et une moralité.

Pour La Fontaine, le récit désigne la narration d'une histoire qui arrive à des personnages imaginaires. Le terme englobe donc : le récit pur*, la description*, le dialogue* et les interventions du narrateur*.

La moralité*, quant à elle, est facilement repérable : elle se situe au début ou à la fin du récit. En général, elle se sépare de celui-ci par un blanc. Elle peut prendre plusieurs formes : un conseil, un constat, une critique.

Pour La Fontaine, récit et moralité sont en relation étroite comme le « *corps* » et « *l'âme* » : la moralité s'appuie sur le récit pour en tirer une leçon. Elle généralise le cas particulier qui est raconté.

• Les personnages de la fable

Dans le récit, les personnages caractéristiques de la fable sont des animaux qui parlent. Mais, on y trouve également des hommes *(La Laitière et le Pot au lait)* et des dieux *(Les Grenouilles qui demandent un Roi)*.

Dans la moralité, les personnages sont toujours humains. Il peut s'agir de l'ensemble des êtres humains, d'un groupe d'hommes caractérisés par un défaut (les flatteurs, les naïfs, etc.) ou d'un groupe social (les courtisans, les moines, etc.).

Les personnages du récit sont étroitement liés aux personnages de la moralité. Les premiers sont les symboles ou les exemples des seconds. Le Renard, par exemple, représente tous les hommes rusés ou tous les courtisans. On parle, chez La Fontaine, de symbolisme animal : en effet, les

À retenir

dialogue : échange de paroles entre personnages, rapporté entre guillemets. Le dialogue se caractérise par les guillemets, les tirets, les verbes de parole en incises avec inversion du sujet.

interventions du narrateur : au cours de l'histoire, le narrateur peut émettre un jugement, se moquer d'un de ses personnages. Ces interventions se caractérisent par le passé composé ou le présent, par des termes de jugement et par des phrases interrogatives ou exclamatives.

moralité : elle se caractérise par le présent de vérité générale, la première ou deuxième personne du pluriel et surtout une portée générale.

Le genre de la fable

animaux des récits parlent et agissent comme des êtres humains. Ils permettent au fabuliste de parler de façon amusante de nos comportements.

• Les objectifs de la fable

Si la fable se compose toujours de deux parties (le récit et la moralité), c'est parce qu'elle poursuit un double objectif : « *plaire* » et « *instruire* », amuser ou charmer son lecteur pour mieux lui inculquer une leçon.

Pour plaire à son lecteur, la fable se sert de la fiction. Elle le captive par des histoires, des situations, mais aussi par une façon de raconter, légère, amusante.

Le récit est donc une sorte de piège pour le lecteur, car il le conduit à tirer une leçon de morale. Ainsi, la fable a une réelle valeur pédagogique : le lecteur s'instruit en prenant du plaisir.

La Fontaine, en renouvelant le genre, a développé un autre objectif : comme Molière, il s'est servi de ses petites histoires pour critiquer la société de son temps. Il a fait de la fable un véritable instrument de satire*.

Ainsi, la fable est un genre complet qui peut prétendre à satisfaire pleinement son lecteur : elle lui procure plaisir et instruction morale, et le conduit à réfléchir sur la société dans laquelle il vit.

À retenir

satire :
écrit ou discours qui s'attaque à quelque chose en s'en moquant.

Groupement de textes :
La fable avant et après La Fontaine

L a Fontaine a puisé ses sujets dans l'Antiquité gréco-romaine et en Orient. Il a inspiré, à son tour, les auteurs des siècles suivants. Deux histoires souvent réécrites, celle du Corbeau et du Renard et celle de la Cigale et de la Fourmi, permettent de saisir l'originalité de chaque auteur en étudiant les variations d'une version à l'autre.

UNE FABLE ORIENTALE

Cette version du *Corbeau et le Renard*, où un Coq vaniteux remplace le Corbeau, est extraite du *Livre de Kalila et Dimna*, le plus célèbre recueil de fables orientales, attribué à Bidpaï (IIe siècle avant J.-C.).

Par une nuit d'hiver très froide, un renard affamé s'en fut cherché quelque nourriture. Il arriva près d'un domaine et entendit un coq qui chantait dans un lentisque. Le renard accourut et demanda :
« Ô coq, pourquoi chanter dans cette nuit ténébreuse et froide ?
— J'annonce le jour, car la nature me dit qu'il va poindre, et mon chant déclare à tous cette nouvelle.
— Je vois : il y a en toi quelque don divin de prédiction et de prophétie. »
À ces paroles, le coq, tout heureux, se remit à chanter. Le renard alors de danser et de sauter sous l'arbre ; et comme le coq lui en demandait la raison :

« Quand je te vois chanter, toi, un sage, un philosophe, c'est à juste titre que je dois, pour ma part, danser ; car ne devons-nous pas rire avec ceux qui rient ? Ô coq, prince de tous les oiseaux, ajouta le renard, (Dieu) t'a permis non seulement de voler, mais encore d'annoncer sur la terre à toutes les créatures tes prédictions à la manière des prophètes. Ô être heureux entre tous, toi à qui la nature a donné plus qu'à tout autre, descends donc, que je puisse devenir ton ami. Si tu montres quelque réticence à cette amitié, laisse-moi du moins baiser ce diadème et cette couronne que tu portes sur ton noble chef, pour que je puisse dire que j'ai baisé la tête du plus sage coq qui porte couronne entre tous les oiseaux. »

À ces paroles, le coq, se laissant prendre aux flatteries du renard, descendit et présenta sa tête ; le renard se jeta dessus, apaisa sa faim en ne faisant qu'une bouchée du coq et conclut :

« Eh bien, j'ai trouvé un sage qui ne connaissait point la prudence ! »

Isabelle Massoudy, *Aux sources de La Fontaine,*
d'après *Le Livre de Kalila et Dimna* d'Ibn al-Muqaffa,
trad. André Miquel, Syros, 1990.

VULPES ET CORVUS

Cette fable est extraite d'un des cinq livres de fables en vers de Phèdre (Ier siècle après J.-C.), le plus grand fabuliste de l'Antiquité latine. Elle comporte, à la différence de celle de La Fontaine, deux moralités.

Qui se laudari gaudet verbis subdolis
fere dat poenas turpi paenitentia.
Cum de fenestra corvus raptum caseum
comesse vellet celsa residens arbore,
vulpes ut vidit blande sic coepit loqui :
« qui tuarum, corve, pennarum est nitor !
Quantum decorem corpore et vultu geris !
Si vocem haberes, nulla prior ales foret. »
At ille stultus dum vult vocem ostendere,
emisit ore caseum, quem celeriter

dolosa vulpes avidis rapuit dentibus.
Tum demum ingemuit corvi deceptus stupor.
Hac re probatur, quantum ingenium polleat ;
virtute semper praevalet sapienta.

Phèdre.

Le Corbeau et le Renard

Celui qui aime les flatteries perfides en est généralement puni par le repentir et la confusion.

Alors qu'un corbeau s'apprêtait à manger un fromage volé sur une fenêtre, un renard, quand il le vit, se mit à le flatter ainsi : « Ô corbeau, que ton plumage a d'éclat ! Que de beauté sur ton corps et ta figure ! Si tu avais de la voix, aucun oiseau ne te serait supérieur. »

Le stupide animal, en voulant montrer sa voix, laissa de son bec tomber le fromage, que le renard rusé s'empressa de saisir de ses dents avides.

Alors la déception du corbeau stupéfait s'exprima par des gémissements.

Cette fable prouve combien l'intelligence est puissante ; la sagesse prévaut toujours sur la force.

Traduction de la fable latine de Phèdre
par M. Ko, M.-F. Delmas-Massouline, P. Boehrer
dans Lire le latin, textes et civilisation, 5e, Hachette.

LE CORBEAU ET LE RENARD

Cette parodie en argot du *Corbeau et le Renard* a été écrite par le chanteur contemporain Pierre Perret, célèbre pour ses adaptations des *Fables* en chansons et en images de synthèse.

Maître Corbeau sur un chêne mastard,
Tenait un fromton dans l'clapoir.
Maître Renard reniflait qu'au balcon
Quelque sombre zonard débouchait les flacons.
Il dit : « Salut Corbac, c'est vous que je cherchais
Pour vous dir' que sans vous fair' mousser le bréchet,
À côté du costard que vous portez mon cher,
La robe du soir du Paon est une serpillière.

Refrain
Pauvre Corbeau
Tu t'es bien fait avoir
Mais quelle idée de becqueter sur un chêne
Et vu qu'tu chant's comm' la rein' des passoir's
C'est bien coton d'en vouloir au Renard.

Quand vous chantez il paraîtrait, sans charre,
Que les merles en ont des cauch'mars. »
Lors à ces mots plus fier que sa crémièr',
Le Corbeau ouvrit grand son piège à vers de terre ;
Pour montrer qu'il pouvait chanter rigoletto
Cette grain' de patat' lâcha son calendo :
Le Renard l'engloutit en disant c'est navrant
Il est pas fait à cœur je l'préfèr' plus coulant.

Refrain
Pauvre Corbeau tu t'es bien fait avoir
Mais quelle idée de becqueter sur un chêne
Et vu qu'tu chant's comm' la rein' des passoir's
C'est bien coton d'en vouloir au Renard.
On est forcés de r'connaitr' en tout cas
Que cett' histoir' de Monsieur d'la Fontaine
Rendit prudents les chanteurs d'opéra
Et c'est depuis qu'ils chantent la bouch' pleine.

Pierre Perret, *Éditions Adèle.*

LA CIGALE ET LES FOURMIS

Cette fable a été écrite par le grec Ésope (VIIe–VIe siècle avant J.-C.), considéré par La Fontaine comme « le père » du genre. Le récit ésopique est dense, serré, il ne rapporte que l'action essentielle à la compréhension de la moralité.

Pendant l'hiver, leur blé étant humide, les fourmis le faisait sécher. La cigale, mourant de faim, leur demandait de la nourriture. Les fourmis lui répondirent :
« Pourquoi en été n'amassais-tu pas de quoi manger ?

— Je n'étais pas inactive, dit celle-ci, mais je chantais mélo-
dieusement. »

Les fourmis se mirent à rire.

« Eh bien, si en été tu chantais, maintenant que c'est l'hiver,
danse. »

Cette fable montre qu'il ne faut pas être négligent en quoi que
ce soit, si l'on veut éviter le chagrin et les dangers.

Ésope, trad. Nevelet, dans les Fables de La Fontaine,
éd. R. Radouant, Hachette.

LA CIMAISE ET LA FRACTION

Pour réécrire *La Cigale et la Fourmi,* Raymond Queneau (1903-
1976) applique la méthode « S + 7 ». Il s'agit de remplacer
certains mots de la fable originale par le mot situé sept entrées
plus loin dans le dictionnaire.

La cimaise ayant chaponné tout l'éternueur
Se tuba fort dépurative quand la bixacée fut verdie :
Pas un sexué pétrographique morio de mouffette ou de verrat.
Elle alla crocher frange
Chez la fraction sa volcanique
La processionnant de lui primer
Quelque gramen pour succomber
Jusqu'à la salanque nucléaire.
« Je vous peinerai, lui discorda-t-elle
Avant l'apanage, folâtrerie d'Annamite !
Interlocutoire et priodonte. »
La fraction n'est pas prévisible :
C'est là son moléculaire défi.
« Que ferriez-vous au tendon cher ?
Discorda-t-elle à cette énarthrose.
— Nuncupation et joyau à tout vendeur,
Je chaponnais, ne vous déploie.
— Vous chaponniez ? J'en suis fort alarmante.
Eh bien ! débagoulez maintenant. »

Raymond Queneau, Oulipo, La Littérature potentielle,
Gallimard, 1973.

LA FOURMI ET LA CIGALE

Cette réécriture de *La Cigale et la Fourmi* par Françoise Sagan, grande romancière contemporaine, renverse totalement la situation de la fable : on y rencontre une Fourmi dans l'embarras et une Cigale qui triomphe.

La Fourmi ayant stocké tout l'hiver
Se trouva fort encombrée
Quand le soleil fut venu :
Qui lui prendrait ses morceaux
De mouches ou de vermisseaux ?
Elle tenta de démarcher
Chez la Cigale sa voisine,
La poussant à s'acheter
Quelque grain pour subsister
Jusqu'à la saison prochaine.
« Vous me paierez, lui dit-elle,
Après l'oût, foi d'animal,
Intérêt et principal. »
La Cigale n'est pas gourmande :
C'est là son moindre défaut.
« Que faisiez-vous au temps froid ?
Dit-elle à cette amasseuse.
— Nuit et jour à tout venant
Je stockois, ne vous déplaise.
— Vous stockiez ? j'en suis fort aise :
Eh bien ! soldez maintenant. »

Texte de Françoise Sagan.

Collectif, *La Cigale et la Fourmi, trente versions inédites*, Éd. Safrat, 1989.

La Cigale et la Fourmi,
illustration de la Corée du nord.

Le Corbeau et le Renard,
illustration du Japon, 1894.

Bibliographie, filmographie et discographie

ÉDITION DES FABLES DE LA FONTAINE

La Fontaine, *Fables,* édition établie par R. Radouant, Hachette.
La Fontaine, *Œuvres complètes, Fables Contes et Nouvelles,* édition établie, présentée et annotée par J.-P. Collinet, coll. « Bibliothèque de la Pléiade », Gallimard.

QUELQUES AUTEURS DE FABLES

Bidpaï, *Le Livre de Kalila et Dimna,* dans I. Massoudy, *Aux sources de La Fontaine,* Syros, 1990.
Ésope, *Fables,* Arléa, 1997.
Ésope, *Fables,* Flammarion, 1995.
Phèdre, *Fables,* Belles Lettres, 1989.
P. Perret, *Le Petit Perret des fables,* Lattès, 1992.
Ésope, Phèdre, La Fontaine, *Les Fables du loup,* Éd. mondiales, 1963.

FILMOGRAPHIE

L. Feuillade, *La Cigale et la Fourmi,* 1909.
J. Hanna et F. Spencer, *Le Lièvre et la Tortue* (dessin animé), 1925.
J. Image, *Le Loup et l'Agneau* (dessin animé), 1954.
G. Méliès, *La Cigale et la Fourmi,* 1897.
P. Perret, *Les Fables de La Fontaine,* « Les Fables géométriques », vol. 1, René Château vidéo.
B. Rabier et E. Kohl, *Le Renard et la Cigogne* (dessin animé), 1922.
L. Starevitch, *La Cigale et la Fourmi* (animation), 1913.

DISCOGRAPHIE

Agatha de Co., *Les Fables de La Fontaine,* Walt Disney Records, 1994.

R. Bohringer et Bérénice, *Les Fables de La Fontaine,* Walt Disney Records, 1995.

P. Perret, *Les Fables de La Fontaine Argot,* East West Music, 1995.

S. Rapin, *Les Fables de La Fontaine,* Conquering Lion, 1994.

Achevé d'imprimer en Italie par Rotolito Lombarda
Dépôt légal : Décembre 2009 - Collection n° 63 - Edition 12
16/7832/5